みんなが自分で考えはじめる

「15分ミーティング」のすごい効果

ミーティングコンサルタント
矢本 治

日本実業出版社

仕事は会議室では生まれない！……………まえがきに代えて

■日頃の「ミーティング」を見直してみよう

まず、非常に根本的なことから始めます。

「自分の会社を潰そう」と思って働いている経営者やスタッフは、いるでしょうか。程度の差はあるでしょうが、ほとんどの人が、会社を成長させよう、その結果として社会の役にも立ち、人に喜ばれ、自分も成長して、収入も上がる……そう思って日々、働いているはずです。

でも、なぜかうまくいかない会社が多くあります。

仕事も思ったように進まない人もいます。

一人で仕事をしている人ならともかく、会社やお店は何人もの人が集まって働いています。その人たちは、当然ながら考え方も違います。

しかし、会社の「目標」や「方向性」に関しては、みんながおおむね同じ方向を向いていなければいけません。もちろん「個性」は大事です。けれども、その個性は活かされているでしょうか。みんながバラバラの方向を向いていないでしょうか。

価値観が異なり、立場が違うと考え方も違います。ある意味でこれは当たり前です。しかし、「違って当たり前」で終わってはいけません。

優れたリーダーは、異なった個性を上手に引き出します。異なった意見や価値観を見事にまとめ上げます。まとめることのできない人は、リーダーとして力不足だということです。

リーダーだけではありません。**同僚や仕事仲間といつもぶつかっている人は、結果として仕事もできない**ものです。

では、「まとめる」ためには、どうするか——。

ここで本来は「会議」が大きな役目を果たすのです。

しかし多くの組織では、会議は形だけのものになっています。会議のための根回し、資料づくり……こんなことは、日常茶飯事です。

そこで少人数でもでき、スピーディーな「ミーティング」を見直そう、というのが、この本のそもそもの狙いです。

私は、**会議〝だけ〟が多い会社は危険信号だと思っています**。例えば何かを決めるとき、会議を開こうとすると参加者、日時……など、なかなか準備が大変です。しかしミーティングなら簡単です。

■ミーティングと会議の違いとは?

「そもそも会議とミーティングの違いって?」

そんな声が聞こえてきそうですね。

ここではまず、私の言うミーティングと会議の違いから書いてみましょう。

・開催頻度　：ミーティングは頻繁
　　　　　　会議は月1回～数回
・参加メンバー：ミーティングは現場メンバーが中心
　　　　　　会議は上層部（社長・役員・所属長）中心
・時　間　：ミーティングは10分～30分
　　　　　　会議は1時間以上
・人　数　：ミーティングは2名以上　少人数
　　　　　　会議は多数
・場　所　：ミーティングは現場メンバーが多いため現場近く
　　　　　　会議は会議室など隔離室
・議　題　：ミーティングは方向性に沿った具体的な方法論を話す場
　　　　　　会議は会社や部署の大きな方向性を話す場

つまり、**主に「現場」を動かしているのは会議ではなく、ミーティングなのです。フレキシブルな「打ち合わせ」と、捉えてもいい**でしょう。

まず違うのはメンバーです。会議では所属長・部門長など会社の各部門を担うリーダーが中心に集まります。それに対し、**各部門を担うリーダーが現場のメンバーを集めるのがミーティング**です。

現場のメンバーというのは実際に最前線で働くスタッフのこと。直接お客様に接したり、モノをつくったりしている現場スタッフです。現場中心だから時間も人数も様々です。それだけに、最小人数2、3名からのこともあるし、時間も現場の仕事があるため会議よりずっと短い時間で行なわれていると思います。

会議は「経営メンバーや役職者が、時間をかけ、会社の重要な方向性を共有し、決めていく場」。私の言うミーティングは**「現場のメンバーが短時間で、会社の方向性を理解して具体的に実現する方法を〝考動〟する場」**です。

どっちが良いか？　ではなくて、そもそも役割が違います。

山登りで例えるなら、会議は会社の幹部が今後の会社の目標・方向性など大きいことを「決める場」で、目指す山頂を決めるようなもの。ミーティングは現場の社員が主体的に「どうやって登るか？　の具体的な〝考動〟を繰り返し修正していく場」です。

つまり**ミーティングとは、山頂への具体的なルートや準備を考え、計画を立て実際に登っていくためのもの**なのです。ですから現場の仕事に即していなければなりません。アクシデントがあれば、登り方を軌道修正しながら山頂に着くために話し合いをする場なのです。

この本は、単なるミーティングのテクニックを紹介する本ではありません。

また、会議のすべてを否定もしません。しかし、これまで書いてきたように、より臨機応変に物事に対処するなら、「ミーティング」を重視すべきだと思います。

ミーティングの目的は、単に目前の問題解決だけではありません。

ミーティングというツールを使って、どこの企業にもある問題を解決しながらスタッフが成長して売上を上げる――それが「矢本流ミーティング」の〝あるべき形〟です。

■「個人（面談）」から「集団（ミーティング）」へ、発想を変えた！

私は、日本初のミーティングコンサルタントとして、

「ミーティングを通じて人を育て、売上を上げる」

をモットーに、全国を飛び回っています。全国の業種業態が異なるクライアント先でミーティング司会進行役を代行・サポートし、人材育成、売上アップのお手伝いをしています。また、ミーティング講習の依頼講演や研修、リーダーを対象とした私塾を開催しています。

でも、もともとは普通のサラリーマンであり、普通のリーダーだったのです。

何で、現場のサラリーマンがミーティングコンサルタントに？


きっかけは、前職の会社での中間管理職としての経験です。

もともと四国のホテルマンだった私は、縁があって売上が低迷していた、関東のブライダル会社に、営業部長として転職しました。店舗責任者を兼ねて現場に入ったものの、すぐに売上は上がらない。スタッフは少しずつ辞めていく。生産性や合理化を求められ、スタッフは簡単に増やせないし、そもそも求人募集をしても希望者が来ない。

あー、この悪循環を抜け出すには？


スタッフ一人ひとりと頻繁に個人面談をして、「会社が何をやっていきたいのか」を、わかりやすく伝える。本人たちの言い分も聞いて不満を解消する手伝いをする。最初は個人面談で個々のレベルアップを図る……この方法しか思いつきませんでした。

いわば、**2人ミーティング**の繰り返しです。

個人面談は、うまくいった部分とうまくいかなかった部分がありました。「理解し合えた」メリットと、「時間がかかる」デメリットです。


そのうち部下も増え忙しくなりました。このとき常に考えていたのが、**「何とか短い時間でスタッフを効率的に集めて、主体的に巻き込んでいく場。欲を言えば育成も同時にできる場はないか？」**という悩みです。悩んだ結果、行きついたのが「ミーティングを活用して問題解決と育成を短い時間に同時に行なってみよう」という考え方でした。


とはいえ最初からうまくできたわけではありません。「ミーティングの場の活用」に気づき、何となくやってみたものの、参加者は誰も発言しない。

「それはこっちの問題じゃなくて、あっちの部門が……」と責任のなすりつけ合い。

「それをやると○○な問題が……」と、できない理由のオンパレード。

長い時間話しても何も決まらない。決まったことが実行されない……。

しかし、業績不振であえぐ当時の会社で、コストをかけず、時間を有効活用していくには、このミーティング以外の活路が思いつかなかった……。

だから会議本、コーチング、ＮＬＰ、心理学……いろんな分野の本をあさり、人から学び、社内のミーティングで試しました。失敗と成功を積み重ねた結果、人員も変えず設備投資もしないで、売上が3年で3倍以上、最終的に6年後の退職時の売上は当初の6倍以上になり、ミーティングを中心としたリーダーシップが確立されていきました。

「この会社には何かある」

そう気づいたのは、出入りしているパートナー会社さんです。当然ですよね。伸び悩む業界で、見た目何も変わっていない会社がなぜかどんどん仕入れの量が増えていく……。

「業績を伸ばしている方法を教えてほしい」

パートナー会社の幹部の方が相談に来るようになり、アドバイスしているうちにその会社も業績が伸びていきました。ミーティングはどの業種業態にも通用するものだと考え、「より多くの会社のお手伝いがしたい」と、7年前にコンサルタントとして起業しました。

現在ではクライアント先の企業、講演参加者、私塾の塾生さんから、

「スタッフ間での会話が変わって、人も辞めなくなりました」

「職場の雰囲気が変わって、お客様の反応が良くなりました」
「他の部門が手伝ってくれるようになりました」
このように嬉しい声をいただけるだけでなく、クライアント先の実に93%が業界に関係なく、こんな時代でも増収で業績を伸ばしています。

■そもそもミーティングには、どんな効果があるか?

なぜ、ミーティングをすると「売上」だけでなく「職場の雰囲気」や「離職率」までも改善されるのでしょう? それは**コミュニケーションの質が良くなったからです**。もっと詳しく言えば「問題を解決して未来を創造できる会話のパターン」に変わったからです。

そもそも、ビジネスにおける会話には「成果の出るパターン」と「出にくいパターン」が存在します。「え、そうなの?」と思った方も多いと思います。そうなんです。今まで、「成果の出る集団の会話パターンとは?」を学ぶ機会はまずなかったわけです。

逆説的に言えば、「問題を解決して未来を創造できる会話」――このパターンをミーティングで身につければ、職場での会話も、業績も未来も確実に変わるということです。

「それは会議とは違うのか？」という質問もよくいただきます。私は似て非なるものだと思っています。そもそもの役割が違う。それは先ほど説明した通りです。

私は現場スタッフから始まり、中間管理職の時代にはミーティング同様、社内の様々な会議に出席してきました。そして今は、ミーティングのプロとして様々な職場のミーティング・会議を見ています。その経験から言えること――。

経営幹部を中心に「仮にどんなに素晴らしい方針が会議で決まっても、現場のスタッフが実行チームとしてスピーディーに取り組み、動かなければ成果は出ない」のです。

アイデアを出し、方向性を決めるだけでは成果は出ません。

なぜなら、〝成果＝アイデア×実行〟の掛け算だからです。

掛け算なのでどっちかが0ならば、成果も0です。

そもそも、会議自体のあり方にも問題がある会社が多いのも事実です。

「時間が長い。長い割には結論が出ない」

「参加人数が多い」

「受身」

「できない理由が多い」

「同じ人だけが話している」

「回数が少ないので前の会議との連動性やスピード感も出ない」

「より良い経営判断ができるような現場の声・お客様の声をボトムアップできていない」

「前回に決まったことが、そのままになっている」

「成果が出ていないのに会議の進め方がワンパターンで変わらない」

など様々な課題があると思います。


ましてや中小企業の多くは「人が足りない」、でも「労働時間（残業）も少なくしたい」という矛盾を抱えています。

だからこそ短時間で成果が出る、ミーティングの定着が今の時代には必要なのです。

■「矢本流ミーティング」の特徴とメリット

そんな矢本流ミーティングの特徴は、

「短い時間」に、
「少ない人数」で、
「現場のスタッフ（お客様情報を持つ）」が、
「全員参加型」で会社の方向性を理解した上で、
「前向き、主体的」に、
「成果の出る会話パターン（考動&軌道修正）」を、
「繰り返して定着」、
が可能になります。

想像してみてください。**お客様に毎日接している現場のスタッフが、「今まで決まっていたことを作業的にこなす集団」から、「自分たちで考え、実行する集団」に変われば、必ず売上に直結しますよね。**

現場スタッフが日々の職場で、自ら主体的に仕事へ取り組む仕組み（ミーティング）が機能していれば、結果は必ず出ます。

大丈夫です。何も特別にむずかしくありません。**ここで紹介する内容は14年間のべ6万人**

以上、ビジネスミーティングのプロとして培った経験からすぐ実践できるもの、普段のコミュニケーションにも活かせるものを取り上げています。

以前の私と同じように中間管理職として、リーダーとして、噛み合ってない会社で「何とかしなければ！」と、苦しんでいるビジネスリーダーに向けて、ミーティングスキルを通じて少しでもお役に立てればと思い、本書を書きました。

まず**プロローグ**では「15分ミーティング」の効果と意味を説明します。必ず15分で終わらせる必要はありません。ただこの短時間ミーティングを、大きく3つに分けました。

STEP1は、問題点や質問、アイデア出し（提案）です。すべての参加者から〝前向き〟な提案が出る方法を紹介します。

STEP2では、集まった提案を効率よく整理して決定していきます。

STEP3では、決定したことを実行していくときの「計画」とその「共有」の方法を説明します。

しかし実行していくときに状況が変わることもあります。〝やりっ放し〟で消化不良になる場合もあります。結果がうまくいかないこともある。そこで**STEP4**は、進捗状況を確認することを含めた「軌道修正ミーティング」について触れました。

STEP5は、私が実施しているミーティングの簡単な紹介です。

エピローグでは、「ミーティング」の効果のひとつでもある「人材育成」について簡単に触れました。


ミーティングがうまくいかないのは、世の中が悪いわけでも、会社が悪いわけでも、部下が悪いわけでも、あなたが悪いわけでもありません。ミーティングのやり方や取り組み方が間違っているだけなのです。

そして、リーダーのあなたは気づいているはずです。

あなたの職場やスタッフには、まだ大きな可能性が眠っていることを。

ミーティングの本来の目的は、その眠っている可能性を引き出し、自分たちの輝く未来を創り出すためなのです。この本がそのきっかけになってくれることを心から願っています。

2018年2月

チームサポートプロ代表　矢本治

みんなが自分で考えはじめる

「15分ミーティング」のすごい効果

目次

仕事は会議室では生まれない！……まえがきに代えて　3
■日頃の「ミーティング」を見直してみよう　3
■ミーティングと会議の違いとは？　5
■「個人（面談）」から「集団（ミーティング）」へ、発想を変えた！　8
■そもそもミーティングには、どんな効果があるか？　12
■「矢本流ミーティング」の特徴とメリット　14

プロローグ

なぜ今、15分ミーティングなのか？

◉会議ばかりの会社は潰れる!?

まず、会議とミーティングの違いを考え、
簡単にすぐ実行できる短時間ミーティングを活かそう！

1　会議か、ミーティングか!?……32
◉形式化された会議は、ほとんど意味がない　32
◉最も大切な目的は「良いパターンのコミュニケーション」である　34

2 リーダーシップとミーティングの深い関係 36
◉今どんなリーダーが成果を上げているのか？ 36
◉ミーティングの原点は「個人面談」だった 38
◉「個人面談」だけではなく「ミーティング」を！ 40

3 なぜ「15分」がいいか？ 42
◉当面の〝目安〟は「15分」！ 42
◉メールより話すほうが情報量も多く速い 43
◉短い間隔で何度も繰り返すことで、効果的なパターンが定着する 44
◉普段の「報連相」の無駄な行き違いをなくす 45

4 時短ミーティングが、なぜいいか？ 46
◉ミーティングや会議には「組織風土」が反映される 46
◉時短ミーティング（矢本流ミーティング）の特徴 47

STEP 1

15分ミーティングの基本的な進め方

◉まずテーマに対する「質問」と「提案・アイデア」出しから始める

集まって話し合うことで様々な問題を解決し、組織の風土を変えていく。

1 まず「会話」を見直すことから始める！……54

◉ミーティングや会議に、その会社の会話の癖や特徴があらわれる 54

◉業績の悪い会社は、「会話のパターン」が悪い 56

2 人ではなく会話のパターンを変える……60

◉「なぜ？」と質問するから失敗する 60

◉忙しいのに、何のためにミーティングをしているのか？ 62

◉過去を分析していると事実が見えなくなってしまう 63

◉「分析」は事前に資料で！ 66

3 ミーティングで、チームの知恵を結集する！……68

◉ミーティングのテーマは、誰がどう決めるか？ 68

◉質問のキーワードは「今後は？」「みんなで」 70

◉他人事で終わらせない究極の質問とは？ 71

4 意見を効果的に集約する「発言」の方法は？……74

◉提案やアイデアは「複数」書いて出す！ 74
◉3分で考えて、書いて提案すると効果が高い！ 76

5 提案やアイデアを「書く」5つのメリット……80

◉「○○さんと同じ」という発言がなくなり、多くのアイデアが集まる 80
◉メンバーの個性や得意分野を把握できる 81
◉聞く側にも「落ち着いて聞ける」メリットがある 83
◉付箋を活用することで「見える化」する 84
◉「撮影」議事録でムダを省く！ 88

6 テンポの良いミーティングをするための基本ルール……90

◉内容は何でもOK。「わからない」はNG！ 90
◉カタカナ、ひらがな大歓迎！ 92
◉発表は付箋に書いた内容だけ（補足は短く） 93
◉発表は影響力や立場の弱い人から順番に！ 94
◉「数字」を活用する 95
◉「例えば」を活用する 98

7 発言を聞くときの5つのポイント……102
◉発言内容を裁いてはいけない 102
◉むしろ違う考えを歓迎する（話しやすい環境をつくる） 103
◉聞きたいときに自由に質問しないのが大原則！ 104
◉話は最後まで聞く 106
◉誘導するより大切なことがある！ 107

8 「未来への可能性」が見えているか!?……110
◉「未来を創るミーティング」とは？ 110
◉問題は、「チーム」で解決する！ 111

STEP 2

アイデアを整理して合意・決定する

◉スピーディーに進めれば大きな成果が出る！

スピーディに決定し、上手に合意を形成する仕組みを持てば、組織も強くなる！　コミュニケーションも良くなる！

1 早く決めれば、何事もうまくいく！ 114
◉提案・アイデアをスピーディーに決める 114
◉「誰が」をキーワードに整理すると計画も早くできる 117

2 何をするのか？を決める 120
◉決断のポイントは「選択と集中」 120
◉コスト・労力を最小限に、成果は最大限……がポイント 122
◉「賛同なきチャレンジ」も、ときには必要だ 124
◉自分以外の意見を取り入れることも、重要である 127

3 実行する事柄の「管理者」を決める 130
◉「実務者」ではなく「管理者」という定義で進める 130
◉単純に「提案した人がやる」ではいけない 131
◉決めた理由を説明すると、組織の溝が埋まっていく 133

4 強い組織にする〝約束事〟の5つのポイントとは？ 136
◉合意とサポートができれば組織は強くなる！ 136
◉「誰かが失敗したら自分にも責任はある」という考えが組織を強くする 138
◉ダメ出しするときには必ず「改善提案」をつける 139
◉提案したけど却下されたら、部下のプレゼン不足！ 142

◉自分が部下からされて嬉しいことを、上司に対して行なう 144

STEP 3 ミーティングの結果を必ず実行する！

◉決まったことを必ず実行に移す「計画ミーティング」とは？

ミーティングの最も大事なポイントは、
決まったことを、どうやって「実行」するか、である。

1 合意が形成されたら「計画」にかかる……150
◉実行前に、どこまで「計画」できているかが成功のカギ 150
◉ミーティングの最後に、必ず実行計画を確認する！ 152
◉新しいチャレンジでは最初の一歩がいちばん重い 155
◉「期日」より大切なのは「実行日時」 157
2 計画時に決めるべき5つのポイント……160
◉このステップで「実行日時」を決めていく 160
◉何を目的にこの計画が立てられたか、を共有する！ 165

3 つくった計画を全員が確認し合う……170
◉最後にメンバー同士で確認する 170
◉リーダーは要望があればリクエストし、管理者はそれに応える 172

STEP 4

必ず「軌道修正ミーティング」を行なう

◉15分ミーティングの後、随時「できているか」をチェックする

「15分ミーティング」＋「修正ミーティング」で、成果を確実なものにする！

1 強い組織には、「軌道修正力」が備わっている！……174
◉「15分」だけでは〝やりっ放し〟になることもある!? 174
◉計画通りにいかないときには、すぐに修正する！ 176
2 決めたことを「見える化」するメリットは？……178
◉ミーティングで決めたことは「共有」する！ 178
◉進捗状況の記録が会社の財産になる！ 180
◉進捗状況を自動的にチェックできる！ 181

3 軌道修正ミーティングの、基本的な進め方とは？……184
◉まず、「個人ベース」の修正をする 184
◉次に「組織ベース」の軌道修正を行なう 185

4 遅れたり止まっている計画に、どう対応するか？……186
◉①期日を修正して、実行する 186
◉②リーダーがサポートし、実行日時を確保する 187
◉③管理者を入れ替える 188
◉④計画を変更する 189

STEP 5

いくつかの事例でミーティングの効果を見てみよう

◉事例編　組織のタイプ別ミーティング事例

組織の〝課題〟によってミーティングのやり方も変わる。参考にしてみよう。

1 震災を乗り越え、毎年業績を伸ばし続けるビジネスホテル……194
■課題はチャンスだ。視点を変えるだけで売上も変わる！
◉「15分」にこだわらなくてもかまわない！ 194

◉ミーティングは視点を変える場である 195
◉出たアイデアから独自の価値を見つけるには？ 198

2 スタッフ平均年齢58歳の旅館が、国内外のお客様で満室に！……200

■ミーティングで「人と人の距離」を縮める
◉経営者とスタッフの間の距離はないか⁉ 200
◉自分の仕事の捉え方を変えれば、仕事も楽しくなる 201
◉〝未来視点〟で、お客様にメリットを提供できれば売れる！ 201
◉完成度よりスピード優先 203
◉現場の社員が創り出す小さな奇跡 204
◉良いミーティングは、人と人の心の距離を縮める 205

3 急成長を続ける北海道住宅企業の新たなチャレンジ……206

■「全社視点」で「脱・セクショナリズム」ミーティング
◉全社ミーティングでさらなる上昇を！ 206
◉自部門の目標達成と全社目標達成、どっちが優先？ 207
◉主体性・覚悟を引き出す質問とは？ 208
◉縦割り組織では限界だらけ！ 209

エピローグ

人材育成を兼ねるミーティング

……ミーティングには人材を育てる効果がある。

■人材育成に関する8つのポイント 213
■「強い組織文化づくり」の5つのポイント 214
■若い社員が会社を辞めていく本当の理由 215
■「周りのせいでうまくいかない」錯覚から抜け出そう！ 217

カバーデザイン／志岐デザイン事務所（萩原睦）
本文ＤＴＰ／ベクトル印刷
編集協力／ケイ・ワークス（片山一行）

プロローグ

なぜ今、
15分ミーティングなのか？

◉会議ばかりの会社は潰れる!?

まず、会議とミーティングの違いを考え、
簡単にすぐ実行できる
短時間ミーティングを活かそう！

1

会議か、ミーティングか⁉

◉——形式化された会議は、ほとんど意味がない

「まえがきに代えて」で、会議とミーティングについて比べました。

私は、「会議なんて必要ない」とは思いません。**大切な会議もある。ですが、その多くが、「形だけ」のものになっていたり、物事を「承認する」だけのものになっています。**そこで、会社によっては「立ったまま」会議をするなどの工夫をしています。

高いテーブルを囲んで、「立って」話し合いをするのです。

これだと、会議以外のことを話すこともなくなります。寝たりもせず集中できるので「実」のない会議にはなりません。

6ページで述べたように、会議は上層部が中心のことが多く、細かいことよりも大きな方向性を決めます。それに対して「ミーティング」は、現場の人たちが様々な打ち合わせをする場です。

どちらも重要です。しかし往々にして会議ばかり多い会社は、それが形骸化し、会議の準備に追われたり、結局何も決まらなかったり……ということがあります。

これだけは避けなければなりません。私があえて「ミーティング」を推奨するのは、ひとつにはそのためです。

仕事は「現場」で起こっています。会議室ではありません。

であるなら、現場仕事の延長線上に会議、ミーティングがあるのが望ましい。「毎週○曜日○時からは△△会議」といった、目的を持たずにただ集まる場にはほとんど意味はありません。思い立ったとき、必要なときにすぐに集まることが重要です。むずかしいですが、ビジネスはスピードが命なのです。

サッと集合できる仕組み、あるいは関係者全員でなくても打ち合わせができる風土（文化）を、まずつくってください。

35ページに、改めて会議とミーティングの違いを図に示しました。

◉——**最も大切な目的は「良いパターンのコミュニケーション」である**

この本は、効果的なミーティングのやり方を解説するものです。では、そもそもミーティングは何のためにやるのか——。

それは、仕事をスムーズに進めるためです。「仕事」で最も大切なのは、その仕事に関わっている人が円滑にコミュニケーションをとることです。

ミーティングにも、企画をまとめたりアイデアをまとめたりと、いろいろあります。しかしほとんどすべての**ミーティングに共通している目的は「良いパターンのコミュニケーション」**です。何人かの人が意見を出し合って、仕事や企画やアイデアを前に進めていく。そこには、**前向きなコミュニケーション**が不可欠です。

言い換えれば**ミーティングは、「前向きなコミュニケーションをとるため」のものでもあるのです**。前向きなコミュニケーションが保たれていれば、より良い意見が出て仕事はスムーズに進みます。それぞれの考えや意見の〝ズレ〟も修正できます。

ミーティングを、どう効果的に進めるか——その説明の前に、なぜ私が「ミーティング」に特化したコンサルティングをするようになったかを、簡単に書いておきましょう。

「会議」と「ミーティング」の違いとは？

開催頻度	会議	月１回～数回
	ミーティング	頻繁
参加メンバー	会議	上層部（社長・役員・所属長）中心
	ミーティング	現場メンバーが中心
時間	会議	１時間以上
	ミーティング	10分～30分
人数	会議	多数
	ミーティング	2名以上　少人数
場所	会議	会議室など隔離室
	ミーティング	現場近く
議題	会議	会社や部署の大きな方向性
	ミーティング	方向性に沿った具体的な対策など

2 リーダーシップとミーティングの深い関係

◉――今どんなリーダーが成果を上げているのか？

私が社会人になった頃（1993年）、バブルといわれる時代の終盤でした。

当時は、同業他社と同じことをやっていても売上が毎年どんどん伸びていく時代でした。社内ではスタッフ数も余裕があり「終身雇用制」「年功序列」「人が育つのに時間はかかる」「仕事は見て盗む」こんなキーワードがまだまだ一般的でした。

リーダーに求められる素養も「トップダウンで指示を飛ばし、それを管理して成果を出す」こと。部下も「言われた仕事をこなす」――それでよかったのです。

しかし今は、変化のスピードも加速し、市場はモノ余りの時代です。「個々に合わせた多様性」「小ロット」「低価格」「お客様は簡単に情報を得られる」「競争が激しく業績を伸ばすのがむずかしい」……そんな時代へ変化しています。

こうなるとお互いのコミュニケーションも不足し、「効率化・合理化」ばかりが叫ばれます。ギスギスした職場になり、さらに売上が落ちる。人と人が何をどうやり取りし、何を生み出すのか、といったビジネスの基本的なことが忘れられている……。

そんな時代のリーダーに求められるのは、「短い時間に少数精鋭でより大きな成果を上げる」ことです。そのためには「人の管理・育成」が非常に重要になります。

ここでミーティングが威力を発揮するのです。スタッフが何を考え、チームの課題は何か、その解決策は……。厳しい時代だからこそ、「人の知恵」が大切になります。それには、**短時間でもいいから話し合い、ミーティングをして、より良い提案を集め、互いの〝ズレ〟のようなものを修正していく**ことが必要です。

ミーティングは、主にリーダーのもとで進められます。スタッフ同士のミーティングも有効ですが、その場合でも、ある程度はリーダーが把握しておいたほうがいいでしょう。

リーダーは、かつて以上に人と人のコミュニケーションをスムーズに進め、成果を出していかなければならないのです。

講演、研修、コンサルティングを通じて多くの社長さんや中間管理職とお会いするなかで確信しているのは、「リーダー一人が頑張って解決できる時代ではなくなっている。仮にそういうカリスマリーダーがいたとしても、ほんのひと握り」ということです。

では、変化の早い時代でも活躍しているリーダーの共通条件とは何か？

「周りのスタッフをうまく活かし協働して、1人では成し遂げられない、より大きな成果を上げられる人。つまり短時間に少数精鋭で成果を出せる人」

前のページでも触れたように、これが今のリーダーの必須条件です。

スタッフを動かすには、的確な指示が必要です。それには会議なども必要でしょう。しかし内容のない形式的な会議ばかりでは、逆効果です。

会議というより、ミーティング。それも10分、15分、20分……といった気軽で短く効果的なもの。それがスタッフとのコミュニケーションを円滑にします。

◉――ミーティングの原点は「個人面談」だった

「まえがきに代えて」で少し触れたように、私は四国・愛媛のホテルマンでブライダルを担当した実績から、関東のブライダル会社に営業部長として移りました。

当時の私は31歳。

四国から関東に移ることに大きな不安があったものの、営業部長という条件に惹かれ、人生をかけて転職しました。まず1店舗の責任者を任され現場（式場）に行って着任挨拶をして、スタッフと個別に話をしたときの驚きは今でも忘れられません。

「この仕事は好きだけど（無理難題を言う）会社は嫌い」

「会社が勝手に決めた（無理な）予算を目指す意味がわからない」

経営側との大きな溝を感じました。

何よりショックだったのは、「仕事なんだからやろうよ」という私の言葉が通じないこと。縦社会の厳しいホテル（前職）にいた私にとっては衝撃的で、「これは大変だな……」が初日の正直な感想だったことを今でも鮮明に覚えています。

ともあれ――。

どうやれば業績が上がるかは、ある程度は見えている。後はどうやって気持ちよくスタッフに取り組んでもらうか、でした。同じ現場出身の私には少なからずスタッフの気持ちが理解できる部分もあったので**会社と現場の窓口になり、まず信頼関係を築くことを考えました。そして個人面談を繰り返し、それぞれの気持ちを汲み取りながら、どんどん指示を出していく**。ソフトなトップダウン型リーダーで、ある程度まではうまくいきました。

この「個人面談」が、私のミーティングの原点です。

◉──「個人面談」だけではなく「ミーティング」を！

転職して1年後、転機が訪れます。1店舗から2店舗同時運営を任されました。そのとき、こんな問題が起きました。

・個人面談ばかりでは時間がかかってしまう

・各現場で見る時間が減り、問題を見誤り、指示（トップダウン）を間違える

この経験が、トップダウンではなくスタッフを活かし、協働してより大きな成果を上げられるリーダーを目指すきっかけになりました。では、どうしていくか？

今までの個人面談ではダメだ。もっと効率的に一度に現場の情報やアイデアを引き出して

判断できる場、全体バランスを見ながら仕事を任せていく場をつくらなければ……。そう考えました。そして、**個人面談の雰囲気を活かした、「集団で集まるミーティングや会議の場をもっと上手に活用できれば……」と思い始めた**のです。

2店舗を運営していくと、気づくことがありました。

同じ会社でも、業績のいい現場と、そうでない現場があります。ここをよく見ると、スタッフそれぞれの行動に独自のパターン……癖がある。本人たちは無意識ですから、その癖に気づきにくいのです。

仕事への「考え方、捉え方」「判断の仕方」「実行力」「人の話を聞くスタンス」など〝考動〟のパターン（無意識の癖）から、その組織や現場の文化（雰囲気）が構築されています。そして好調な店舗には成果の出やすい「組織文化（考動パターン）」が存在している。

日々、無意識でやっているパターン（癖）を変えるのは容易ではありません。

そこで、短い時間で繰り返すミーティングなのです。それは、おざなりのパターン化された会議ではありません。

3 なぜ「15分」がいいか？

◉当面の〝目安〟は「15分」！

組織の風土を変えるには、最小限、「まずはミーティングの時間だけ」部分的に変えていくことです。これなら比較的簡単です。

できれば30分以内。15分をメドにしましょう。

今の時代、1か月間隔で時間をかけて会議して後は放置、ではうまく進まない。周りの環境や自分たちの仕事の優先順位も、どんどん変わっていきます。

以前だと、3年計画を立てる。そこからブレイクダウンして1年計画を綿密に立てる。月1回の定期的な会議で報告・議論しながら進んでいく。現場もその方針を確認しながら、進んでこられた。でもここ数年はどうでしょう？

世の中、「まさか！」ということばかり起こっています。

大きな変化が連続して起きるような時代になると、それを想定していないときに立てた計画は役に立ちません。変化が激しくなったことによって計画が意味を持たなくなる。だから、必ずしも計画通りいかないのはむしろ当たり前になっている。

そのままではいけない。だからこそ、状況に合わせて方向性や進め方を随時小まめに修正していく現場の対応力が必要になります。

何度も短い時間で行なえる15分ミーティングが、必ず有効になるはずです。

◉——メールより話すほうが情報量も多く速い

15分だけなら、メールやＬＩＮＥでのコミュニケーションでもいいのでは？

——そういう質問も、もらいます。それ自体否定はしません。メールは相手が好きな時間に受け取れ、そして対応できるメリットがありますね。

でも、短時間でより深いコミュニケーションを取りたいときはどうでしょう？　顔の見えない文章だと、「書くこと」に時間を割いていませんか？

また、**誰もが簡潔な文章を書けるわけではありません。**

そもそもメールを送って質問の返信が来て、またそれにメールで返す。そしてまた質問が来て……このやり取りにどれくらいの時間がかかるか。リアルなコミュニケーションだったら1分で終わることが、何十分、数時間かかる。

リアルなコミュニケーションとの使い分けが必要なのです。

◉短い間隔で何度も繰り返すことで、効果的なパターンが定着する

一時的に売上を上げることは可能でも、毎年売上を伸ばし続けることは簡単ではありません。そこには「スタッフの力」が必要になります。また、今のスタッフに力がないからといって入れ替えることもむずかしい。だから**人を変えるのではなく、コミュニケーションのパターンを変えることが大切**です。

そして、どんなパターンが効果的か理屈では理解できたとする。しかし定着は案外むずかしい。すぐに元に戻ってしまうのが人間だからです。

じゃあ、「定着」するためには？

ある程度の回数・積み重ねが必要。だからこそ、**月に1回何時間ではなく、仮に15分月に4回、負担の少ない短い時間で回数を重ねることで定着率が上がる**のです。

◉——普段の「報連相」の無駄な行き違いをなくす

「仕事の進捗報告」「残念な報告」などを相手（とくに上司）にするとき、部下はタイミングによって相手の反応が変わることがわかっています。だから残念な報告は上司の機嫌が良いときを見計らって報告しようとする。

また「今は忙しそうだ」「帰る準備をしているから明日にしよう」など、どんどん時間が経ってしまう。結果的に互いの不満やストレス、ひいては評価にもつながるのです。

「報連相が大切！」と言いながら、お互いがタイミングを見計らって、無駄な時間を過ごす。こんなことが多いのではないでしょうか？

15分ミーティングをうまく活用すれば、リーダーにとっては個別に会って決める時間も削減できます。15分ミーティングで、一度に対応すればいい。**やり取りを他のメンバーとも共有できるし、部下もタイミングを見計らう必要もありません。**

15分ミーティングの活用で、無駄にタイミングを気にする必要がなくなるのです。

4

時短ミーティングが、なぜいいか？

◉――ミーティングや会議には「組織風土」が反映される

ミーティングの場ではその組織が持つ文化や特徴が必ず反映されます。「新しいことに前向き」か「後ろ向き」か、「人の話が最後まで聞ける人が多い」か「途中で遮る人が多い」か、「実行スピードが速い」か「遅い」かなど（詳しくはＳＴＥＰ１）。

つまり**ミーティングや会議は日々の職場でのコミュニケーションの癖が反映される「職場の縮図」のようなものなのです。**ミーティングを見れば普段のその職場での会話の様子がだいたいわかります。

逆説的に言えばミーティングでの組織文化を変えていけば、日々の職場も変わってくる。大げさな会議は必要ありません。短いミーティング、打ち合わせで充分です。「立ち話」でもかまわない。

ハードルの高い「日々のコミュニケーションをすべて見直そう」ではなく、「ミーティングの短い時間だけ成果の出るコミュニケーションを意識する」に変えていく。これを繰り返していくことで、普段の職場でも普通にできるようになっていくのです。

何より、効果的なミーティングをしている組織や現場は、コミュニケーションがしっかりしていきます。スタッフの意識も統一されていきます。

◉——時短ミーティング（矢本流ミーティング）の特徴

どんなに素晴らしい意思決定（方向性）も、現場が実行しなければないのも同じです。短くてもいい。何か問題があれば（なくても）サッと相談できる「場」——それがミーティングなのです。

「関係者を集めて、しっかり議論しよう」

ということになると「会議」になり、堅苦しくもなります。だからこその、気軽なミーティングなのです。

大切なのは、どうやって現場のスタッフと協働して新しいことを進めていくのか？　です。もちろんミーティングをしなくても、日々のコミュニケーションが活発で具体的に進み、新しいことが決まって実行されるのであれば、ミーティングは必要ありません。

ミーティングをすること自体が目的ではなく、職場の問題が解決され、お互いがチームワークを発揮して前に進んでいくことが目的です。

もっと言えば**お客様へ幸せの貢献、スタッフみんなの幸せにつながること――「より良い未来を創造していくこと」が目的**です。

ミーティングはあくまでその手段にすぎないのです。

いま現場に求められている「生産性向上・効率化」「スピード化」そして、「人手不足」「IT化でリアルなコミュニケーション不足」……これらはすべて、大きな問題です。会社全体の幹部が集まって解決することも多いでしょう。

しかし現場で解決できること、現場でしか解決できないこともたくさんある。

スタッフの一人ひとりの個性は違います。年代による価値観も違う。

だからこそ、**話し合うこと（ミーティング）もせずに成果を上げる、結果的により良い未**

来を創造していくことは簡単ではないのです。

私がミーティングの必要性を、日々いろいろな場所でお話しし、実行しているのも、そのためです。効果的なミーティングは、スタッフの目的を一本化し、コミュニケーションを円滑にし、組織や現場の実績を上げます。

「言っていることはわかる。でも実際にはシフト制で重なる時間が少ない」

「過去にやったことがあるが、うまくいかなかった」

など、とくにリーダー側は躊躇します。現場スタッフも、

「時間が長い」

「話が一方的で参加している意味を感じない」

など、お互いうまくいかなかった経験を持っている組織も多いかもしれません。

だから15分ミーティングなのです。

もちろん、**ストップウォッチでキッチリ15分と決めなくてもかまいません。「15分」は、あくまで目安です。10分で終わっても、30分に延びても、気にしなくてかまいません。**

会議のように形式張らず、スピーディーに、できるだけ短く。
みんながそう意識することで、自然と15分間ミーティングが根づいていきます。

これだけ変化が速いと、1か月前のことなんて忘れてしまっていたり、状況が変わってしまっている、なんてことありませんか？

だから、例えば月に1回1時間以上するより、月に4回15分ミーティングで常に軌道修正しながら進めていくほうが、時代に合っているはずです。

だからこそ私は、時短ミーティングをお勧めしているのです。

矢本流ミーティングの特徴は、

「短い時間」に、「少ない人数」で、「（お客様情報を持つ）現場のスタッフ」が、会社の方向性に沿って、「参加型で前向きに主体的」に行なうこと。

さらに、これをこまめに実行することで、組織もスタッフも、共に成長します。

ミーティングや会議は、どの会社でも行なわれているはずです。しかし、私の「矢本流ミーティング」には、他とは違うものがたくさんあります。

その〝違い〟はこれからしっかり説明していきます。

矢本流「時短ミーティング」の効果

月に１回　数時間ではなく……

↓

例えば　15分、20分を月に数回

↓

そのほうが打ち合わせ内容を深く理解でき、
きちんと共有できる！

短い時間で……

現場スタッフが……

会社の方向性に沿って
「参加型」「前向き」
「主体的に」……

これが
キーポイント！

スタッフの目的が一本化し、
コミュニケーションを円滑にし、
強い組織をつくる

STEP 1

15分ミーティングの基本的な進め方

◉まずテーマに対する「質問」と
「提案・アイデア」出しから始める

集まって話し合うことで様々な問題を解決し、
組織の風土を変えていく。

1 まず「会話」を見直すことから始める！

◉――ミーティングや会議に、その会社の会話の癖や特徴があらわれる

私は、会社員時代は営業部長として年間250回を超えるグループ内ミーティングの司会進行をしてきました。現在は「ミーティングコンサルタント」として、様々な業種業態の企業のミーティングのお手伝いをしています。

そんな私だから、言えることがあります。

それは、**「ミーティングや会議はその会社（部門）のコミュニケーション文化の縮図」**だということです。具体的に説明しましょう。

例えば、社長のトップダウン型が浸透している会社であれば、現場でのスピーディーなミーティングそのものが、あまりありません。いわゆる形式的な「会議」ばかりです。

社員は社長の顔色を伺い、主体的な発言は少なく、イエスマン型が多い。会議終了後、自分の席に戻るとさっきのミーティングの文句ばかりです。つまり「表で言わず裏で言う」風土になっている。それが「文化」になっているのです。

例えば——。

「会議やミーティングが責任追及、責任逃れの場になっている」

「資料づくりと状況共有だけに重点が置かれ、お互い本質的な話し合いをしない」

「自分の発言が言いにくい環境である」

「本音とたてまえの違いがありすぎる組織」


そう……、**会議やミーティングの光景は「その職場の会話の鏡」**なのです。

それぞれの職場での会話の癖や特徴は、そのままミーティングにあらわれます。

裏を返せば、**効果的なミーティングを実現できれば、その会社の風土・組織文化も効果的なパターンに変革できる**と考えていいでしょう。


しかし、根づいてしまった職場の会話の癖を意識し続け、変えるのは簡単ではありません。

でも、もしミーティング時だけ、15分だけ、なら気をつけることは可能です。

効果的なミーティングを繰り返すことで、その会社の風土・組織文化も変革できます。

◉──業績の悪い会社は、「会話のパターン」が悪い

しかし、そもそも「今日は会議、明日はミーティング」などと〝区別〟している会社は、あまりないでしょう。

ですが6ページでも書いたように、**「会議」と「ミーティング」は違います。そのことをもう一度確認していただいた上で、ミーティングについて書いていきます。**


ビジネスでの会話には「成果の出るパターン」と「出にくいパターン」があります。先ほどの例のような「癖や特徴」を持つ会社は、「成果の出にくいパターン」の典型です。これでは何度ミーティングをやろうが、どんなに話し合おうが、何も変わりません。

むしろ〝心の溝〟がさらに開き、やればやるほど逆効果です。

では、人を変えるしかないのでしょうか?


リーダーだった私も同じ問題を抱えていました。

多くの企業が親族経営である中小企業で、社長が頻繁に変わることはありません。また、スタッフをそんなに簡単に変えていく余裕もないでしょう。

だったらできることは？　と考えた結果、

「人を変えるのではなく、会話のパターン」を変えていったのです。

具体的には「問題を解決して未来を創造できる（成果の出る）パターン」に変えていきました（↓59ページ参照）。まずミーティングのときだけ、成果の出るパターンで話してみる。効果が出てくれば普段の職場でも、成果の出るパターンで会話するようになります。

この「矢本流15分ミーティング」をすることで、徐々に（いつも）職場全体にこの良いパターンを定着させていったのです。

繰り返しますが、**最初は「時間」にこだわることはありません。15分より短くてもいいし、長くてもいい。むしろ「成果の出るパターン」にこだわってください。**

いちばん大切なのは、サッと集まってサッと解決する「スピード感」です。そして、これを繰り返すことで組織のコミュニケーションのパターンは自然に改善されます。15分ミーティング……短時間の打ち合わせの狙いは、実はそこにあります。

とはいえ、「15分」をどう使うか……といった〝目安〟があったほうがベターです。

ステップ１（５分）
未来視点からの質問
全員からの提案・アイデア出し

ステップ２（５分）
出てきた質問、提案を効率よく整理して決定
みんなが合意するように！

ステップ３（５分）
実行力ＵＰのためにイメージの共有や計画を立てる

これがミーティングの基本ステップです。**ただしこのままではやりっ放しになるので後日「軌道修正ミーティング」で最後まで実行していきます。**
では、どんなミーティングをすればいいのか……？　まずそれを見てみましょう。

「15分間ミーティング」の大まかなステップ

ステップ1

質問、アイデア（提案）出し

進行役かリーダーがテーマを決め、参加者に質問を投げかけ、それぞれが提案・アイデアを出し合う。

ステップ2

提案・アイデアを整理して決定する

チームとして「何をするか」を決める。
本当の意味での「合意」が大事。

ステップ3

決まったことを実行する計画を作成する

「空いている時間に」「詳細は後日」ではダメ。
できる限りこの段階で実行計画を作成する。

まず会話を「成果の出るパターンに」変えることが大切だ！

2 人ではなく会話のパターンを変える

◉——「なぜ?」と質問するから失敗する

まずステップ1の「質問、アイデア出し」です。まず大事なのは、質問です。

私が行なっているミーティングでは、進行役かリーダーがテーマを決めて参加者に質問を投げかける。その質問に対して参加者が答え（アイデア・提案）を言って進めていきます。

この質問がミーティングの内容に大きな影響を与えるのです。

質問には大きく分けて【過去視点】と【未来視点】があります。

過去視点の質問というのは部下に対して、

「何でこんなミスをしたんだ?」

「どうして今月こんなに成績が悪いんだ?」

という質問です。うまくいってないときには、ありがちです。

しかしミーティングではこの質問を繰り返すことは不毛です。質問しだいで、普段の周りの人とのコミュニケーションも変わります。もっと言えば自分への質問も同じ。

例えば、「何で俺はいつも失敗するのか?」に素敵な答えは出てきません。

15分ミーティングの場では、「過去視点」をやめます。つい深く追及したり、詰問(相手を責める質問)になってしまうからです。

そういう質問だと、部下から上がってくる声は「他部署が悪い」「お客様の予算がない」「景気が悪い」「業界自体が下がっている」……という言い訳じみた返事ばかりです。

終わったことの分析や原因追及をすると、「なぜ?」「どうして?」の質問になります。視点は「過去」に向いていますね。過去に対する話し合いを何度も繰り返していくうちに部下は責任追及をされていると感じ、〝しようがない理由〟を探して逃れようとする。

私もかつて、そういう質問をしていましたし、当時の上司からもそういう質問をされていました。そしてあるとき気づくのです。「後ろ向きな話ばかりだな」——と。

それに気づいてから「後ろ」ではなく「前に」、つまり「未来に向けた質問」をするように心がけてみました。

未来視点の質問のキーワードは「今後は？」です。

まず、後ろではなく前に、つまり未来に向けた質問をするように心がけてみる。

「同じミスを繰り返さないために、今後何をする？」

「成績を巻き返して予算に近づけるためには、今後何をしたらよいと思う？」

すると、同じ部下でも答える内容が変わってくるはずです。

◉——忙しいのに、何のためにミーティングをしているのか？

リーダーに気づいてほしいのは、

「何のためにミーティングをしているのか？」

です。部下を責めてモチベーションを下げたいのではない、責任のなすりつけ合いをして最悪のチームをつくりたいわけでもない。

わざわざ時間を割いてミーティングをしているのは「これからより良い未来を創造してい

くため」のはずです。ならば話す内容も「過去（なぜ？）」について時間を割くのではなく、「未来（今後どうする？）」についての話に時間を割くべきなのです。

過去を分析することは大切です。しかしそれ以上に、「じゃあ、これからどうする⁉」という前向きな話し合いのほうが、もっと大切なのです。

つまり、「これから、どうするか⁉」という問いかけです。10分、15分のミーティングでは、余計にそうなりますね。時間が短いのですから、その短時間に「あのときは……」などと過去の話をしていたら、あっという間に時間が過ぎます。

◉——過去を分析していると事実が見えなくなってしまう

あまり内容のない形式的な「会議」が多い会社ほど、そこでは過去の検討ばかりしているものです。

先ほども書いたように、ミーティングは何も15分限定ではありません。**15分だろうと30分だろうと、「なぜこんなことになったのか？」を話すことは、原則として「タブー」にするぐらいの気持ちがほしい**と思います。そもそも未来視点のミーティングは、話の内容が前向きですから、時間も気にならないものです。

本来、**分析はそのこと自体に価値がありません。会社として効果的な対策を打つために、分析や原因追及が存在しているはず**ですね。

つまり「対策をすることでより良い未来を創造すること」――。

ところがいちばんの問題は、分析や原因追及が「人」に向かうこと。詰問になるのです。行き過ぎると、誰でも防衛本能やプライドが働きます。「私が全部悪い」と認めて評価が下がることを望む人はいません。

その結果「部下が悪い！」「お客様が悪い！」「他部門が！」「会社が！」「競合他社が！」「市場が！」「世の中が！」と周りへの責任転嫁が始まります。

もっと深刻になると、明日の営業会議に備えてせっせと「成績が下がってもしようがない」と思わせるための大げさな資料づくりに精を出す……。

下がる理由を一生懸命探し、それらしい理由を誇大に見せて、しようがない問題にすり替えてしまう可能性すらあるわけです。そして経営陣もこの報告を元に対策を講じようとする。

――これで良くなると思いますか？

いつも売上が良いときばかりではないのです。脂の乗りきった年代だとしても、たまには売上が下がる時期もある。下がる理由もひとつではない。そんなとき会議などで「何でダメなんだ?」と個人的な責任追及をされても、素直に「僕が全部悪いんです」とは言えない。

まして**現場主体のミーティングの場で、そうした「責任問題」が云々されるようでは、そのミーティングのクォリティーは非常に低い**と言えます。集団で行なうミーティングの場で、分析が人に向かってしまうと、往々にして話は不毛になります。

「なぜ?」と分析をしすぎる弊害は、最終的に「犯人探し」など、人に向かってしまいがちだからです。結果的に本当の原因を見誤り、悲観的になりすぎてしまいます。

誤解を恐れずに言えば、過去がどんな状況であれ、未来は関係ありません。

だから、ミーティングで考えることはただひとつ。

「過去にとらわれず、周りのせい(他責)にせず、自分達の力でより良い未来を創造する」

これだけです。

そしてミーティングでの分析資料は「数字とその横にポイントが記入された書式」、つまり箇条書きで事前にメール・共有しておき、全員が目を通した状態でミーティング参加がベストです。

◉――「分析」は事前に資料で！

それでも「みんなで不明点や疑問点を共有したい！」という会社はあります。

私のミーティングでは3分程度です。全体の25％以内の時間で、「配付（メール）した資料の内容に質問・確認ありますか？」と質問して、あればそのことに対して意見交換していく。

繰り返しますが、分析はそのこと自体には価値がありません。会社として効果的な対策を打つために、分析や原因追及が存在しているはずです。

つまり分析を前提に「今後の対策をすることで、より良い未来を創造すること」――。

これが矢本流15分ミーティングの目的ですから。

「分析」してばかりでは意味がない！

過去を分析することは大切だが、それ以上に、「では、これからどうする!?」という前向きな話し合いが必要!!

質問の重要なポイントは？

① 質問は「過去視点」にならず、
「未来視点」で！

② 「なぜ？」「どうして？」を繰り返さない！

③ 「今後（解決のために）、良くしていくには？」
という前向きの視点で話し合う

④ 分析はミーティング全体の25%以下にする

過去にとらわれずに、周りのせい（他責）にせず、自分たちの力でより良い未来を創造する

3 ミーティングで、チームの知恵を結集する！

◉——ミーティングのテーマは、誰がどう決めるか？

次に、ここではミーティングのテーマについて少し触れます。

ミーティングテーマはリーダーが決めるのがベストです。または主力のメンバーと決める。

現場は目の前の仕事に忙殺されていますし、目の前の課題を大変な課題として捉えてしまう傾向があります。**部署全体や会社全体を俯瞰して「今、話し合うべき重要なテーマ」を判断できるのはリーダーの場合が多い**からです。

単なる情報共有なら、わざわざ忙しいときに集まらなくても、共有できる方法は今の時代、何でもあると思います。みんなが価値があると感じるのは、短い時間のミーティングで「問題解決できること」です。

業績に悩む多くの会社の場合、「同じ問題が放置されたまま」「解決の糸口もないまま」が多い。結果、同じような問題が繰り返され、希望を持てないスタッフが辞めていく……。こんな悪循環です。

逆を言えば、**伸びている多くの会社は「周りに起きる問題を自分たちで解決していっているから、次のステージに上がっている」**と言えます。

しかし「ビジネスにおける課題」とひと口に言っても多種多様。

集客力、営業力、リピート率、単価、お客様満足、クレーム対応……など、お客様に関わることもあれば、社員の採用、教育、離職率、労働時間、生産性向上、社内の服務規程や評価制度など社内的な課題もあります。

私は様々なクライアントを見てきました。その経験上、組織の大きさ・売上規模に合わせて似たような課題が立ちはだかります。しかし本人たちは解決できないように感じているだけで、解決できない課題が立ちはだかることは、まずありません。

必ず解決できます。

基本は、リーダーが現状を見てミーティングテーマを決めます。参加者が慣れてきたら、参加者から提案してもらって決めるのもいいでしょう。

「課題をテーマにする」というとネガティブな印象を持つかもしれません。でも課題というのは、裏を返せば進化のチャンスです。

課題や問題を隠す組織ではなく、どんどん出していく。そして解決することで前に進んでいく組織になってほしいものです。

◉──質問のキーワードは「今後は?」「みんなで」

それでは、ミーティングでどのようにして話し合っていくのか? 質問はどう投げかけるのか? を見ていきます。

ポイントは、「今後は?」「みんなで」という単語をつけて未来視点に変換すること。

例えば、あるレストランを例に解説していきますね。そのレストランの今の問題は「集客に困っている」ことだとします。

「今後、集客を改善するために、　みんなで何をしたら（変えていったら）よいと思う?」

――こういう感じです。よくある「どうして集客が悪いの？」と投げかけるのとではイメージや答えが変わってくるわけです。

「みんなで」というのもポイントです。**「参加しているメンバーの力を結集して、今後何を変えていけるか？」という広い視点を入れます。**一人ではできないけど個々の得意を引き出しながら、チーム力を結集することで解決する可能性はグッと広がるはずです。

「できる、できない」を勝手に判断するのではなく、一度、可能性を広げて考える。この質問でアイデアと同時に「柔軟に広く考える力」の育成につなげます。

閉塞感のあるチームに共通することは「希望がない（と思い込んでいる）」こと。人間、希望がないと頑張れないですよね。

一人では解決できそうもない問題をチーム全体視点で考える。このことで可能性（希望）がたくさんあることに気づき、狭い思考の枠を広げることが目的でもあります。

◉――他人事で終わらせない究極の質問とは？

アイデアや提案はたくさん出たけど、ミーティングしていてお互いしっくりこない場合や不満に思うことがあります。実は未来型に変換するだけでは結果が出ない場合や、マイナスに作用する場合もあります。

そのリスクと対策を、実際のレストランミーティングを例に説明しますね。

〈参加者〉

調理メンバー、ホールメンバー（料理飲物を運ぶ係）、会計メンバー（電話・会計係）

〈テーマ〉

「今後、集客を改善するために、みんなで何をしたら（変えていったら）よいと思う？」

〈調理メンバー〉

「そりゃあ、ホールスタッフがもっと接客技術を磨いてお客様と会話すれば……」

〈ホールメンバー〉

「キャッシャーがもっと予約の受け方を効率的に考えてくれれば……」

〈会計メンバー〉

「調理チームがもっと美味しい料理をつくってくれたら、お客様は来ると思います」

どう思いますか？

確かに解決策や提案は出ていますが、うまくいきそうにありません。

みんな「あっちが頑張ってくれれば……という他人事」視点の解決策しか出てないからです。つまり**「自分たちはこのままで（変えたくない）」「自分以外の誰かがもっと◯◯してくれたら」という他人依存型の状態**です。

そんなときは、もうひとつ質問するのです。

「自分（またはあなたの部門）が、新たにできることは何ですか？」

それを考えてほしい、と。他人依存型ではなく「解決するために自分（自部門）が積極的にサポートする！」という主体的な思考パターンがほしいのです。

問題や課題に対し「自分（たち）のできること」を発言できるミーティングができるようになれば、他責にせず自らが考え、動くようになります。〝考動〟して解決していく、最強の組織に向かっていくのです。

4 意見を効果的に集約する「発言」の方法は？

◉――**提案やアイデアは「複数」書いて出す！**

「質問」の次は、みんなの意見が集められる効果的な「発表（発言）」の方法です。

会議・ミーティングの一般的な発言は、「口頭」でしていきますが、**矢本流ミーティングでは自分の考えを発言する前に必ず「3分で複数（2〜3案以上）の提案を書く」ことから始めます。**

提案・アイデアは1つだけでなく必ず複数、基本2、3個以上考えてもらいます。1つだと無難なアイデアになりやすく、そうなると他の参加者と「同じ答え」、つまり重複する可能性が高いのです。

誰でも思いつきそうな無難なアイデアばかり出し合うだけなら、忙しいなかで集まった意味がなくなります。またここで人材育成をするポイントのひとつである個々の「考える力」をつける目的もあります。

「○○な問題が起きました。どうしたらいいですか？」

という指示待ち完全受身スタッフではなく、

「○○な問題が起きまして……、解決策はAという方法とBという方法があると思います。私自身は〜の理由からAがいいと思いますが、それでいいですか？」

というスタンスです。

考えて書くというミーティングを繰り返せば、**自分で考え、提案してくれるスタッフになる。普段の職場から気づいたことをどんどん改善提案するようになります。**

私自身も中間管理職時代に、そんな部下を育成したいと考えていました。でも、時間的な余裕がない。解決のひとつの手段として考えたのが外部研修でした。

しかし、参加させてはみるものの「人が足りなくて行かせられない」「1人ずつみんなを研修に行かせるのは効率が悪い」などの問題を簡単にクリアできずにいました。

どうしようか……と考えて大事にしたのが、ミーティングの短い時間で「複数提案する」

ことです。

スタッフが集まって、同じテーマで考えてプレゼン提案する。

「あなたはどう思う？」

「そう考えた理由は何？」

スタッフみんなが、一度に公開研修しているようなものです。

〝短い時間で複数案考える力〟を育成する方法を、ミーティングの仕組みに取り込んでいく。そうすることでスタッフも組織も少しずつ、でも確実にレベルアップしていくのです。

この「考えて書く」という作業にどれぐらいの時間が必要か？

私のお勧めは3分です。

◉——3分で考えて、書いて提案すると効果が高い！

多くのリーダーが理解していないと思うことは、「リーダーと部下では考えるスピードが違う」ことです。当然リーダーのほうが速いが、自覚している人も少ない。

また別のケースでは、リーダーが、ある問題について悩んでいたとします。そしてある日突然部下に投げかける「どう思う?」と——。ずっと考えているリーダーと、いきなり振られて戸惑う部下……よくある図式です。

ダメなリーダーは、その認識がないから質問の答えが待ち切れなくて「遅い!」「考えて仕事をしていない!」と怒る。考えていないのではなく、答えられないのではなく、「いきなり振って、考える時間を与えていない」ことが問題なのです。

だからこそ、普段のミーティングで個々の「考える力」の質とスピードを高めていくのです。**リーダーとスタッフが、ミーティングという形でなくても、頻繁に質問と提案を投げかけ合っている組織は活き活きとし、新しいもの、解決策も生まれやすくなります。**

「3分では、あまりいい提案や意見も出ないのでは?」

と思うかもしれません。しかし、集中して考えれば充分な時間です。

最初はなかなか出てこないかもしれません。しかし最終的な目標としては、**「3分で全員が指定された数の提案・アイデアを出す」**ことです。

大切なのは質より量です。**決められた数を書くことが優先**です。

ですから最初、書くのに時間がかかるようなら「5分」でスタートしてもいいと思います。

そして、だんだん時間を短くしていけば、3か月もすれば3分~5分以内で必ず書けるようになります。

この「書く」ということが、矢本流ミーティングの大きな特徴でもあるのです。

どんなタイミングで職場の課題が起きても自分なりの解決の提案・アイデアがすぐ出せるスタッフに育成するために、ミーティングでその思考パターンをつくっていくのです。従って、ここで言うミーティングは短いほどいい。

また、「書く」ことにこだわったミーティングや会議を経験している人は少ないかもしれません。講演などでも「『書いて発表する』ミーティング・会議スタイルの会社さんは?」と質問すると、挙手していただくのは多くて20%程度。

これは決して一般的ではないのが現状です

なぜ、私はこだわるのか?

驚くべきメリットがたくさんあります。その5つの効果を紹介しますね。

「書いて発表」することが大きなポイント！

様々な問題は放置せず、素早く解決する

そのためには「未来視点」で話し合い、質問する

① 今後（解決のために）みんなで何をすればいいか？
という「全体視点」の質問を！

② 解決するために、自分たちができることは？
という「主体的」な質問を！

その質問に対して……

矢本流ミーティングでは自分の考えを発言する前に必ず「3分で複数（2～3案以上）の提案を書く」ことから始める

これを繰り返すことで、普段から自分で考え、提案してくれるスタッフになる！

5

提案やアイデアを「書く」5つのメリット

◉——「○○さんと同じ」という発言がなくなり、多くのアイデアが集まる

今も、「発言が出ない」という問題を抱えている会社は多いのではないでしょうか。

仮にミーティングで10人参加者がいて、順番に口頭で発言を求めてみる。3人目、4人目ぐらいからは「○○さんと同じです」と言い始め、結果10人いても異なった発言内容は3つか4つしか出てこないことはよくあります。

でも、「1人2案以上書いて発表」のルールにすればどうなるでしょう?

書いているときは人の意見が見えないので、自分の意見を書くしかありません。「～さんと同じです」という発言はなくなり、10人いると最低でも20個の発言・提案が集まります。

もちろん似たようなニュアンス・同じ意味の意見はあります。でも書く以上は「一字一句、同じ意見になる」ことはありません。

口頭で集めた3～4個の提案のなかから、今後の改善策を選ぶのか。

書いて集めた20個の提案から改善策を選ぶのか。

――誰が考えても後者ですね。これだけでも成功確率が変わる気がしませんか？

◉――メンバーの個性や得意分野を把握できる

1つの提案だけなら人と同じ内容になることも多いですが、複数の提案（多ければ多いほどいい）を書くことで確実にスタッフの個性や得意が見えてきます。

組織には様々なスタッフがいて、それぞれ得意分野があります。でもわかっていても、リーダーがスタッフの個性を活かし切れていないケースは多い。

しかし、**複数案を書いてもらうと、それぞれ得意分野があり、見ている視点が違うという気づきや個性がはっきりとあらわれます。**

あるレストランで「今後、よりお客様満足を高めるためには？」と質問をしました。

掃除が得意なスタッフは「トイレの○○な部分が汚れていることがずっと気になってい

る」などという清掃系の視点の提案が多く、接客が得意なスタッフは「お客様に質問された時の対応の仕方」というトーク系の提案が多く、電話応対の多いスタッフは「一定の人ばかり電話に出るのではなく、3コール以内にみんなが出るというルールの採用」など電話に関する提案が出てきたりします。

提案が1案だけで良いなら「この発言を周りはどう思うだろう?」と考えたり、答え探しをしてしまったりします。でも複数書くと、答え探しより数が優先されます。

たくさん書いてもらえばもらうほど「他の人がどう思うか?」「何を書いているか?」よりも、「自分の見えている世界」で書くしかなくなります。提案内容に、より個性的な視点が反映されてくるのです。

普段から「個人の個性や得意を見つけて伸ばすのが中間管理職としての仕事」とは言われていても、なかなかハードルの高いもの。それをミーティングで発見するのです。わずかな時間でもたくさん意見を出し合うことで、各自の特徴や考えも見えてきます。

結果的に、今後のリーダーシップや役割分担に活かしていくこともできるのです。

そして、何よりリーダー自身も自分では気づかない様々な視点をスタッフから集めて、より良い経営判断をしていくことができます。

◉——聞く側にも「落ち着いて聞ける」メリットがある

「書いて発言する」ことは聞く側にもメリットがあります。

考えがまとまっていない人の発言は、周りも聞きづらいもの。「あ〜」とか「え〜と」とか、同じことを繰り返す、無駄に長い。

なかには話の本筋がずれているのに、本人が気づいていないこともあります。

なぜそうなるのか——。

いきなり話すということは「話す作業が最初のアウトプット」になるからです。それを**一度書くことで「書く作業が最初のアウトプット」となり、整理されたもの（書いたもの）を発言するから、まとまっていて聞きやすい**のです。

もうひとつの聞く側のメリットは「書いているから、落ち着いて人の発表が聞ける」こと。

心配症の人、みんなの前で話すのが苦手な人、考えるスピードがゆっくりな人は、ミーティング中に「君はどう思う？」といきなり振られるのが大の苦手です。

もし振られたら「何て言おう？」「どうしよう？」とパニック状態。自分のことでテンパっているので、とても人の話をゆっくり聞く状態ではありません。

これでは発言している人にも失礼だし、聞く側の状態としては良くないですよね。

でも、書いて発言する方法ならどうでしょう？

すでに用意して（書いて）いるから、みんな落ち着いて人の発言を聞くことができるのです。このように、書いて提案することは双方にメリットがあります。

◉付箋を活用することで「見える化」する

「書く」ことはリーダー（司会進行役）にもメリットがあります。

時間短縮のミーティングでは、「さっき何て言ったっけ？」という聞き直しが大きな障害になります。それを防ぐために最初は私がみんなの発言をホワイトボードなどに書き留め、みんなから「見える化」していました。

しかし、これはこれで時間がかかる。何より司会進行役の私が発言に遅れないように書き留めることに必死で、発言内容に集中できなかった。

だから「付箋に書いて提案。集めて貼る」のです。

付箋に書いてもらったものを集めて貼り出せば、簡単に「見える化」できます。

① 各自考えて付箋（ポストイットなど）に書き出す時間（例：3分）をとる。
② それを発表・共有。
③ 付箋を集め、ホワイトボードや壁に貼る。

これで私（司会進行役）がみんなの発言をホワイトボードに書く時間（みんなが待っている時間）がなくなりました。また、**見える化によってスタッフ同士の発言内容の「聞き逃し」「聞き間違い」「聞き忘れ」がなく進められます。**

この付箋の活用により大幅に時間短縮ができるようになりました。

また、付箋のメリットは「動かすことが簡単」。

「○○さんのアイデアと□□さんのアイデアは似ているね」

ということになれば、付箋をはがして近くに貼り直すだけでいい。これをホワイトボードに直接書いていると、「矢印などを引く」ことをします。だんだん矢印だらけになり、わかりづらいホワイトボードになってしまうのです。

そのためには**1提案につき付箋1枚に書く**、というルールを徹底してください。

1枚に3提案書いてしまうと「この提案はこっちの提案と同じだが、もうひとつの提案はこっちだけど……」と、動かしにくくなります。別々に書くことで付箋を簡単に動かすことができます。

そしてひと口に付箋と言っても多種多様な種類があります。

私はクライアント先では「住友スリーエム㈱の強粘着タイプ。サイズは縦75㎜・横127㎜」の購入をお願いしています。

これにこだわる理由は「ある程度の文字数（60～100文字くらい）は書ける大きさ」「剥がれ落ちにくい粘着性」「サインペンで書けばある程度の距離感でも見える」がお勧めの理由です。

また、ダラダラと長く書くスペースがありませんので、自然と簡潔な表現になります。言い換えれば、思考も簡潔になるのです。

付箋にどんどん書いて、最後に貼り出す

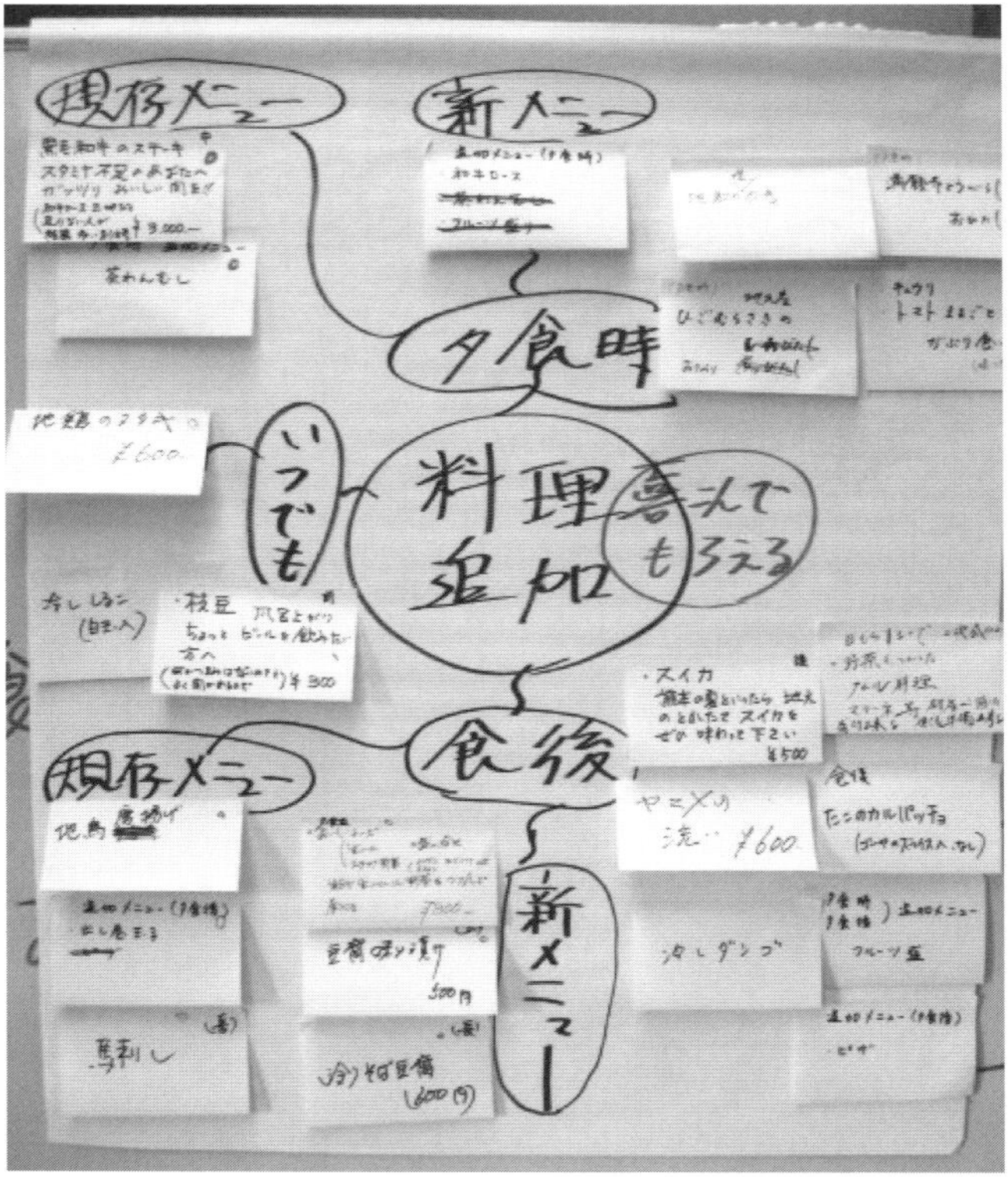

付箋だから貼り位置も変えられる。
これで、アイデアが整理されていく

◉──「撮影」議事録でムダを省く！

ミーティングが終わった後、「今日決めたことを忘れないように記録として残しておきたい」または「今日、参加していないメンバーに共有していきたい」そう考えて議事録を残しておきたい会社は多いと思います。

「参加者にはミーティングに集中させたい」
「議事録係として別の人を参加させる余裕もない」
「自分（司会進行役）もその役はむずかしい」
「ミーティング後に書いてもらう労力もできれば省きたい……」

そんなときは、スマホなどで撮影して議事録とします。
撮影画像を「メールやLINEで送る」「会社の共有フォルダに入れる」などで共有することができます。もちろんデータとして保管しておけば必要なときに再確認したり、参加していないメンバーと、「どんな話をして今回の結論に至ったのか？」という簡単なプロセスを共有できます。

「書いて提案する」５つのメリット

①「○○さんと同じ」という発言がなくなり、アイデアがたくさん集まる

② メンバーの個性や得意分野を把握できる

③ 聞く側も、「落ち着いて」発言を聞ける

④ 付箋（ポストイットなど）の活用で簡単に「見える化」できる

⑤ スマホなどで撮影したものを「議事録」にできる

ホワイトボードの付箋を移動するだけで書き直す時間ロスもなくなる

「書いて提案」して、個々の考える力を育成。それをみんなが見ることで「共有」する

6 テンポの良いミーティングをするための基本ルール

◉内容は何でもＯＫ。「わからない」はＮＧ！

では、書いて提案するときのポイントを見てみます。

リーダーが、テーマと未来視点の質問を決めておきます。

「事前に資料をメールしたけど、２月の売上を上げていくために今後どうしたら良いと思う？　３分で３つ以上アイデアや提案を書いてみよう」――と。

基本的には、**内容は何でもＯＫで、数が優先。「わからない」はＮＧ**です。

司会進行役（リーダー）が、提案する人にとって書きやすい・提案しやすい環境を整えることが重要なポイントになります。これは普段の職場でも同じですよね。

私のミーティングでは、まず「テーマ」があり、それに沿った未来視点の「質問」があり、その質問に対する答えは「何でもＯＫ」——が大前提です。

気軽な打ち合わせにしても、「テーマ」がないと、単なるお喋りになります。それはそれで「コミュニケーションが円滑になる」というメリットはありますが、ミーティングとは言えませんね。

「テーマについて話し合う」のが、ミーティングの原則でもあります。

私は参加者が書きにくそうにしているときは、こんなふうに声をかけ、書きやすく提案しやすい環境を整えます。

「質は問わないよ。数を書くことが優先だよ」
「学校の授業と違って絶対的に正しい答えはないよ。内容は人と違っていて普通なんだよ」
「書く内容は無責任ＯＫ！　非常識ＯＫ！」
「ここは可能性を広げる場だから、とりあえず何でも自由に書いてみよう！」
「一人ひとり違ってＯＫ、むしろ違うからこそ集まっている価値があるんだよ」

考えて書く――というスタイルのミーティングをしていると、他の人の内容が見えません。「他の人はどんな内容を書いているのかな?」「自分だけ的外れな発言をしていないだろうか?」と不安になるものです。その不安をなくすのです。

また、部下はいつも上司の顔色を伺いながら仕事をしています。そして日々のコミュニケーションも「上司の答え探し」をしている部下がほとんどです。「否定された」「怒られた」「逆ギレされた」……、そんな経験から「何を言えば怒られずに済むのか?」を探している人が多い。

部下が本来持っている、様々な能力や視点を引き出し、個々の「考える力」をレベルアップさせるには、そんな「答え探し」の呪縛から解放してあげるのがまず大切です。「人と違うことでも話しやすい雰囲気」にすることが第一歩なのです。

◉――カタカナ、ひらがな大歓迎!

最近はPCやスマホを触る機会が多く、文字を書くという行為をあまりしないために「漢字が書けない(思い出せない)」ということが多くあります。そうなったときにスマホなどを見て「漢字検索」をする人が出てきますが、これも無駄な時間。

考えて書く時間の目安は3分（最初は5分でもOK）、考えることより検索している時間のほうが多い人も出てきてしまいます。

この時間は、「考える」に集中してもらうことが大切です。

「書くときに漢字が思い出せないならカタカナ・ひらがなでOK！　漢字検索するよりテーマについて考えることに集中してくださいね！」と呼びかけて誤字・脱字を気にせず、集中して考える環境づくりを大切にしています。実際に誤字・脱字が出てきても「この漢字はないよね〜」などと言わないでください。

◉発表は付箋に書いた内容だけ（補足は短く）

時間短縮のミーティングのためにはまず発表（提案）時間を短くする必要があります。そのための**基本ルールは「書いたことだけを発表する」**です。もし書いた理由を補足したい場合は「15秒以内に短く」すること。

ダラダラ会議、ミーティングの特徴のひとつとして「誰か特定の人が異常に長く話している」という傾向があります。それを避け、参加者全員に参画してもらうために「書く」というステップを踏んでいるのです。
短い文章で的確に表現する力の育成も兼ねています。

付箋が何枚にもわたる大作文章でもダメだし、逆に補足が必要な単語だけ書いていてもダメです。なぜなら、それ（全員の提案）を発表後、ボードに貼ってみんなで見ます。後から見たときに長すぎて読みづらい、または単語だけで書いていて意味がわからない。これでは、せっかくの提案も台無しです。

◉発表は影響力や立場の弱い人から順番に！

次は発表の順番です。
まず基本は、**影響力の弱い人から強い人へと並んでもらい、影響力の弱い人から順番に発表してもらいます**。影響力の強い人は最後に。強い人が最初に強い口調で発言してしまうと、他のメンバーは発言しづらい雰囲気になってしまいます。

またリーダーが司会進行役を兼ねるときは、自分のアイデアも書いて発表してください。順番は最後です。これをしていないと、提案した他の参加者の付箋のなかに自分のやりたい

ことが入ってない場合、付箋に書いて発表していない自分のやりたいことを選ぶケースも出てきます。そうなると、
「付箋での提案がないものを自分勝手に採用した」
「みんなに意見を聞いても最後は結局、自分のやりたいようにやるんだな」
と誤解を与えてしまいます。

ここでのリーダーの仕事は「きれいな司会進行」が目的ではなく、全員の知恵を結集して、より良い提案・アイデアを引き出すことなのです。

●——「数字」を活用する

最初は「何でもOK」、とにかく「考えて数を書く」ことを優先します。

しかし、数を書いて提案することに慣れてきた、または「もっと短時間で上手に人に伝えたい」というステージに変わってきたら、どんどん精度を高めていきましょう。

具体的には、「数字」を積極的に活用してもらいます。

ビジネスでの数字というと「売上」「利益」をイメージする方も多いかもしれませんが、少し違います。もっと広い意味での数字です。

ミーティングや会議、職場での会話でも相手が理解してくれたと思っていたらそうではなかった、というケースは多いですよね。多くの原因は「使う言葉が抽象的すぎる」ことです。抽象的な言葉を使ったコミュニケーションの一例をあげると、

「時間厳守しよう」

「昨年の同じ時期よりお客様が多かった気がする……」

「この仕事は大事だから、できるだけ急ぎでね！」

こういうコミュニケーションが、「抽象的」で、お互いの感覚が違うことにより誤解が起きやすい言葉です。

抽象的な言葉は「受け手によって解釈の幅が広がる」というメリットもありますが、反対に「個々の価値観によって判断が変わる」デメリットもあります。とくに、価値観もバラバラな複数のメンバーを短い時間で効率的にまとめる場合、数字を使うと効果的です。

例えば「時間厳守」という言葉を例に――。

「何分前に来るか？」は個々の常識で異なります。「10分前行動が常識でしょ！」と思っている人もいれば、1分前にすべりこんで「時間厳守、セーフ！」という人もいる。「新人は

20分前に来て開始の準備や清掃をして当たり前」という人もいる。

さて、どれが正解か？

価値観の問題だから、絶対正しい答えなんてないですよね。しかし、**会社として考えると、そうはいきません。「会社の価値観」として明確に決めたほうが、誤解も起きません。**

でも、具体的な数字として共有していない会社も多い。

それが結果として誤解を生み、「あいつは常識がない！」となる。

さらに困るのは上司によってその感覚が違うこともあり、さらに部下は混乱する。

でも、数字を使って共有していればどうでしょう？　先ほどの例で言えば、

「うちの会社での時間厳守というのは、10分前行動のことを言うからね」

と、社内で共有する。

こんなふうに数字を活用して明確に共有することで、誤解をなくしていきます。

ただ普段、数字を活用することに慣れていない人にとっては「窮屈感」を感じたりする側

面もあります。数字に慣れていない場合、最初は時間がかかるかもしれません。

リーダーは、そこを理解しながら導入してください。

◉――「例えば」を活用する

数字を活用する以外に有効的な「例えば……」のフレーズを活用する方法もあります。

例をあげると、

「営業部門と制作部門が仲が悪いのが問題。でもそれをストレートには言いにくい」

ということで、誰も傷つかないオブラートに包んだ表現で、今後の改善提案として、

「部門間同士、もっとコミュニケーションをとる！」

という抽象的な（柔らかい）提案になったりします。


社内の問題を改善するときに、この手の提案はよく出てきます。

でも、これが採用されてもこのままだと結果が出るケースはほとんどありません。

理由は先ほどの数字と同様、抽象的（曖昧）になることで、「個々の解釈が変わってくる」

可能性があるため。

もうひとつ――。

「抽象的な提案というのは共感を得られやすいが、実は実行しにくい提案」なのです。

「もっとコミュニケーションをとろう」

と言われても、明日からどう変えていけばいいのかがわかりませんよね。どう変えていいのかわからないまま解散するから、具体的には何も変わりません。つまりは成果が出しづらいのです。

さらに言うと、そこに気づいたとしてもこの提案だと「じゃあ、成果を出すために具体的にはどう進めていこう？」と再度具体的に話し合う必要が出てきます。

だから私は提案者に質問します。

「部門同士、今よりコミュニケーションをとっていくために、例えば具体的に何をしていったらいいと思いますか？　朝礼後に10分だけ○○部門と△△部門の本日の打ち合わせをする！　というのは具体的な例ですよね？　そんな感じで追加提案してもらえますか？」

――と。

提案してくれた人は、過去何かのシーンを見て「これは課題だ」と考えています。ですから、その課題だと感じたシーンへの具体的な改善点を出せる可能性も高いはずです。

人によっては同じシーンを見ても、課題だと感じないことがあります。その〝感じない人〟も含めてみんなで改めて具体的に話し合うのは、無駄です。

こういう時間ロスを避けるためにも、「数字」や「例えば」を活用すること。

このことだけでも大きな時間短縮になります。

こうした工夫で、他の人への伝わり方が具体的にイメージとして共有しやすくなります。共有ができれば、適正な決断が可能になります。そしてその具体的な提案は実行するときによりスピーディーに取り掛かれます。

ぜひ活用してチャレンジしてください。

「書いて提案する」ときのポイント

発表するのは「書いた内容」だけ。補足は短く。
「書いたことを発表する」のが基本です！

発表は影響力の弱い人から

内容は何でもOKで数優先

「わからない」はNG

カタカナ、ひらがな歓迎

「例」と「数字」を活用する

最初の提案者に「例えば」を使って具体的に提案してもらう

その具体的な提案をそのまま判断する

裏を返せば「短い文章でどうまとめるか？」が、
提案を発表するときのキーポイント！

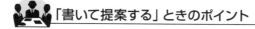

7 発言を聞くときの5つのポイント

◉――発言内容を裁いてはいけない

ミーティングは、コミュニケーションの場でもあります。良いコミュニケーションの原則は、人の話に耳を傾けることです。

そうすることで、リーダーを含めたお互いが多様性・個性を認め、さらに何かを引き出す場にすること――それが矢本流15分ミーティングの目的でもあります。

そのための具体的な方法をお伝えします。

まず**リーダーは発言内容を裁かない。唯一正しい答えはないのです。多様性を認めましょう**。そもそも、リーダーが目の届く範囲やできる仕事量には限界がある。周りのみんな（部下・パートナー企業）と協働できる人が本当のリーダーですよね。

ミーティングや普段のコミュニケーションで、部下が自分の考え方と全然違うことを言ってくる経験は誰にでもあるはず。そんなときは「あれだけ言っているのに！」「違うだろ！」「その考えはむずかしいな」……と、その場でバッサリ切ることもあるでしょう。

部下は上司のそんな表情をじっと見ているのです。

「あ、これは言ってはダメなことだったんだ」——と。

そして無意味な衝突を避けるために、今後は余計なことは言わなくなる。

そして「裸の王様リーダー」が完成するのです。

部下から、自分の気づかない視点や情報をどんどん集めていきたいリーダーを目指すなら、できれば改善したほうがいいですよね。かといって怒りを抑えるのもむずかしいですから、そもそも受け取り方を変えてみる。

◉——むしろ違う考えを歓迎する（話しやすい環境をつくる）

「自分と違う」→「間違い」……ではなく、

「自分と違う」→「個性」……と捉えてみる。

例えば、国、地域性、業種、年代が違えば「常識」も変わってきます。会社も同じです。「社風」が違うのですから。スタッフの価値観も違います。

アイデアや考えには、絶対的に正しい答えはないのです。

「自分の常識は他人の非常識」

「自分が気づかない視点を提供してくれる」

と考える。そうすれば、聞いているあなたの表情は自然に変わってくるはずです。

「成功確率の高い経営判断をきちんとする」「周りの人と協働できる」そういうリーダーになるために、「様々な視点を集められる」「多様性を認める」リーダーになってほしい。リーダーだけでなく、参加メンバーへのそういう教育的側面も含んでいるのです。

◉聞きたいときに自由に質問しないのが大原則！

話を聞いている途中で質問したくなるケースもあります。もし質問したい場合は、メモを取っておいてもらい、全員発表後に質問時間を設けます。

最低限、重要なことだけ質問するというスタンスです。理由は２つ。

1つは「話の脱線の要因になりやすいこと」。
もう1つは単純な「確認質問」ではなく「詰問」になってしまうことが多いからです。

例えば、B部門の人がA部門への改善提案をしたとします。

B部門の提案者「A部門がもっと○○に時間をかけてみてはどうでしょう?」

A部門の聞いている側「ちょっと待って! それって俺たちが○○をちゃんとやっていないということ?」

B部門の提案者「いや、そういう意味では……」

A部門「じゃあ、どういう意味だよ!」

これでは確認質問というより、相手を責める「詰問」になってしまいます。雰囲気は悪くなる、提案者も提案するのを今後やめてしまう、時間はかかる……。

いいことは何もありません。

◉——話は最後まで聞く

あなたは人と話すとき、話をどこまで聞いていますか？　「何割くらいの割合で、人の話を最後まで聞いていますか？」と質問されたら何と答えますか？

リーダーは、驚くくらいに人の話を最後まで聞ける人が少ないのです。

「わかった！　言いたいのはこういうことだよね！」

「ちょっと待て！　そんなんだからダメなんでしょ！」

「もういいから○○して！」

……最後まで聞くことなく、話の途中で遮断しているケースが多い。

私も前職の同じ立場（リーダー）経験から、その気持ちはわかります。とにかくリーダーは忙しい！

だから取り留めのない長い話や言い訳のような話を、最後まで聞いている時間がないのです。どんどん自分が判断して決断していかないと、大変なことになってしまいます。

でも立場を変えてみると、もしあなたが話している途中に上司があなたの話を同じように遮断したらどう感じますか？　気分は良くないですよね。

私よりもっと忙しいし、大きな仕事をしているのに、人の話を最後まで聞いているリーダーに出会って私の概念は変わりました。恐る恐るではなく、部下が安心して笑顔で話している。こんなリーダーになりたい！　そう思いました。

部下の話を本気で聞いているから、部下も自分の話を本気で聞いてくれるものです。**15分ミーティングのときだけでもかまいません。**スタッフが大切な情報を安心して話してくれるリーダーになりましょう。

15分ぐらいなら苦痛にもなりませんね。

◉——誘導するより大切なことがある！

「自分から言ったら押しつけになる。だから気づいてほしい」

そんな気持ちから、結論がリーダー自身のなかで100％決まっているにもかかわらず、ミーティングや会議をして結論を出し、そのことを最終的に「自分の結論」に誘導しているリーダーもいます。

簡単なミーティングでもよく見られるし、会議になるといくらでもあります。

やり方自体を否定はしませんが、私自身は誘導ミーティングをしません。

私自身の経験上からも、部下は上司が考える以上に敏感です。誘導していると「誘導されている?」「結論決まっているのでは?」と必ず感じます。

また仮に「答え探し」をしたとしてもリーダー自身でない限り、正確な答えにたどり着く保証はない。だって「部下たちの引き出しにそもそもこの答えがない」かもしれないからです。だから時間もかかる。

そして、そんなまどろっこしいことをしているリーダーを尊敬もしません。

リーダーは常に、「自分が逆の立場でされて嬉しいのか? されて嫌なことはしない」と考えるようにしてください。

最初から結論が決まっているなら、そのやっていきたいこと(結論)を最初から伝え、それがなぜ必要なのか、をプレゼンテーションする。誘導するのではなく、「自ら熱量高く伝えていく」ほうが早く正確に伝わります。その結果、お互いの多様性と個性を認めることのできるリーダーになり、部下も育つのです。

「発言を聞くとき」の5つのポイント

1 発言内容を裁かない

唯一正しい答えはない。多様性を認めよう。

2 むしろ違う考えを歓迎する（話しやすい環境をつくる）

「自分の常識は他人の非常識」

「自分が気づかない視点を提供してくれる」

——と考える。

3 聞きたいときに自由に質問しない

話を聞いている途中で質問したくなるケースもある。

質問したい場合は、メモを取っておいてもらい、全員発表後に質問時間を設ける。

4 話は最後まで聞く

部下の話を本気で聞いていると、部下も自分の話を本気で聞いてくれる。

15分ミーティングのときだけでもいいから、じっくり聞こう。

5 誘導するより大切なこと

部下は上司が考える以上に敏感。リーダーの考えることに誘導していると「誘導されている？」「結論決まっているのでは？」と必ず感じる。

「聞く力」が高まり、情報も集まり、
適正な判断ができるリーダーに！

8

「未来への可能性」が見えているか!?

◉──「未来を創るミーティング」とは?

どんな職場にも個人の感じ方に差はあれど、大なり小なり問題はあります。問題のない会社はないでしょう。

私が勧めているミーティングでは、**「より良く進化していくために」「目の前の目標を達成するために」障害となっている問題を、受身で「蓋をして見て見ぬふり」ではなく自分たちが考え行動し、「解決して未来を創造すること」が目的**です。

このスタイルでミーティングをすれば、課題に対して1人では思いつかない多くの解決提案やアイデアが出てきます。それらは未来視点の提案ばかりですから、解決する可能性は非常に高いのです。

忙しいなかに集まってミーティングをするのは、「犯人探し」をするためではありません。「より良い未来」を創造するための時間なのです。

◉――問題は、「チーム」で解決する！

「高い目標なので無理だと思っていたけど、自分では思いつかないアイデアがたくさん出て、みんなとやっていけば達成できると思った」

「どうしようもない問題だと思っていたけど、解決できそうな気がしてきた！」

私のクライアント先でも、必ずこういう感想をいただきます。

個人では無理でも、チームで知恵を絞れば、可能性は無限。

そのチームで解決できない問題は、そもそもやってこない。

リーダーとしての自分自身の経験、クライアント先での多くの経験から、私はそう断言できます。

ここで出てきた提案をどうするかは、リーダー次第です。「今後、実行していくヒントにする」でもいいですし、「次のミーティングで具体的に選んで（決断して）、実行プランをつくっていく」でもかまいません。

ここまでがＳＴＥＰ１「質問と提案」の流れです。次の章では、出た提案やアイデアをどう〝整理して決断〟していくか……その具体的な手法を説明します。

STEP 2

アイデアを整理して合意・決定する

◉スピーディーに進めれば大きな成果が出る！

スピーディーに決定し、
上手に合意を形成する仕組みを持てば、
組織も強くなる！
コミュニケーションも良くなる！

1

早く決めれば、何事もうまくいく!

◉——提案・アイデアをスピーディーに決める

STEP1で、ミーティングにおけるアイデアや提案の出し方を、説明しました。

このSTEP2では、「提案・アイデアを整理し、合意に持っていく方法」について説明します。つまり、何をどうするかを決める、「決定」へのステップです。

どう話すか、どう聞くか……これは15分に限らず会議などでも共通のことです。

ステップ1（5分）
未来視点からの質問
全員からの提案・アイデア出し

ステップ２（５分）
出てきた提案・アイデアを効率よく整理して決定
みんなが合意するように！

ステップ３（５分）
実行力ＵＰのためにイメージの共有や計画を立てる

おさらいになりますが、これがミーティングの基本ステップでしたね。つまり「ステップ１」を受けて、「ステップ２」では出てきた提案・アイデアを整理・決定する――。そしてステップ３で「計画」を立てます（→ＳＴＥＰ３参照）。

ただ、この時点では明確な結果が出ていないこともありますから、後日「軌道修正ミーティング」で最後まで実行していく――という流れになります（→ＳＴＥＰ４参照）。

ミーティングにしろ、会議にしろ、うまくいっていない会社に限って正しい判断にこだわりすぎて、「決断」に時間がかかり過ぎています。

今の時代は変化が速い。唯一正しい決断もあまりない。また決めたことがすべて予定通りに運ぶ保証もありません。

なのに分析に時間をかけすぎ、「熟考」という名のもと判断を先送りにする。

また各階層が多すぎ、稟議書ひとつ回すのにも時間がかかりすぎる。その結果、現場への指示もどんどん遅れる。そして、勢いのある他社にどんどん置いていかれていることに気づいていない……。これが大きな問題のひとつです。


日本企業１２０社を含む世界企業７６０社を対象に、意思決定力と企業業績や時価総額の相関関係などを調べたデータがあります。

「意思決定の効率が高い企業」と「低い企業」の過去5年間の売上高成長率などを比較していますが、前者は5年前に比べ15・5％と成長していたのに対し、後者は10・6％とその差は約５％もあるのです（米ベイン・アンド・カンパニー調べ／２００８年）。

また、対象企業の意思決定を「スピード」「質」「実行の歩留まり」「費やす労力」の４項目に分解して指数化し、相関関係を見たところ、決断速度が速いほど決定内容の質も高く、決断事項の実行もスムーズで、ムダも少ないことが判明したそうです。

つまり**「今の時代の経営は早く決めたほうが、うまくいく」**というわけです。

まして現場主体のミーティングなら、なおさら同じ。会社全体の方向性がどうか……という大きな話ではなく、待ったなしの現場でのコミュニケーション。決断を先延ばしにせず「即断即決でまずはやってみる」「行動しながら軌道修正する」ことが大切です。

●──「誰が」をキーワードに整理すると計画も早くできる

スピーディーに意思決定するためには、どうするか？

メンバーの提案が整理された状態のほうが早く決断できますから、提案は「見える化」しましょう。整理するポイントとしては、「人」を軸にすること。つまり「誰が誰に」アプローチするのか？　という視点で提案・アイデアを分けていけば、この後の計画もスムーズに進みます。担当を決められないものは、「その他」にまとめておきましょう。

例えば「集客」について提案・アイデアを考えて集めたとき、

・ＨＰ修正や口コミサイトに関する提案……「ネット担当者→お客様へ」

・他店で集客上手な○○店長からアドバイスをもらう……「○○店長→△△へ」

・今まで出していない媒体への提案……担当がいない場合「その他」

というふうに分けていくと、

「誰から誰への提案・アイデアが多いのか？」

「複数人がかぶっている提案は何なのか？」

などがひと目で見えます。こういうふうに「人」をキーにして整理すればいいのです。そうすれば素早く決断できます。

整理する方法として「ＫＪ法」や「マトリクス法」などたくさんありますし、私も使うことがあります。「ネット系」「媒体系」……とカテゴリー分けしてもいいでしょう。しかし基本的にはあまりお勧めしません。理由は、「時間がかかる」からです。

ここではさらにアイデアを広げたり厳密に整理することが目的ではなく、「素早く決断する」ことが重要だからです。整理はザックリで大丈夫です。

すべての提案が整理できたら、「この場でどれを採用するのか」を、リーダーが即断即決します。

職場では、様々な価値観を持つ人が集まり、それぞれの利害関係も働きます。全スタッフが１００％納得する結論になることはほとんどありません。でも決めて前に進まないと「よくて現状維持」か「衰退」です。だからこそ、リーダーの決断力が重要になってきます。

では、「実行力」「合意力」「成果」が高まる決断のポイントを紹介します。

提案の整理は、「人」をキーワードに！

付箋に書かれた提案を「整理」する

仕事の内容別などのカテゴリーで分けてもいいのだが……

「誰が誰にアプローチするか」……という〝人〟を軸にして分けるとうまくいく！

例「集客」に関するアイデアを集めたとき

ＨＰ修正や口コミサイトに関する提案	「ネット担当者」↓「お客様へ」
他店で集客上手な○○店長からアドバイスをもらう	「○○店長」↓「△△へ」

「誰から誰への提案・アイデアが多いか？」
「複数人がかぶっている提案は何か？」
――などがひと目で見えてくる

2 何をするのか？ を決める

◉──**決断のポイントは「選択と集中」**

いろいろな提案・アイデアが出てくると、リーダーはたくさん選びたくなることがよくあります。しかし経験上、ここで欲張って多くを決断しても成果が出ません。

２つの理由があります。

その**１つの問題は「実行しきれない」こと**。専門のプロジェクトチームを立ち上げ「今までの仕事はしなくてもよい」とするなら話は別ですが、現場のメンバーには「ルーティンワーク（決められた仕事）」がたくさんあり、その時間の合間を縫いながらミーティングで決めたことを実行しますよね。

そう、**そもそも時間がない**のです。

だからここで大切なのは「選択と集中」です。

例えばリーダーが、ある部下に対して改善してほしいことが10個あったとします。

①その10個を一度に言って「明日からすべて直すように！」と伝える

②10個伝えて「今月はまずこの1個の改善に集中！」と毎月1個ずつ集中して改善させる

1年経ったときに、どちらがより多くの改善ができていると思いますか？

そう「毎月1個ずつ」です。人間そんなにたくさんのことを一度に覚えたり、こなしたりすることはできませんよね。

たくさん選びすぎて成果が出ない理由の2つ目は、「ミーティングのたびに新しい仕事が増える」という問題です。これを繰り返していくと、参加メンバーはだんだん嫌になります。ただ仕事を増やすだけでは別の問題も生まれ、解決を遠ざけます。

では、決定する提案の数は？

基本的には、1チーム3個以内です。

参加メンバー、1人当たりの決定数は最大0・5個～1個以内です。

つまり4名なら2個～3個。少ない2名ミーティングでも最大2個。6名以上で多くのメンバーでも手分けして3個。

最初は欲張らず少ない数から始めて「確実に実行して小さくても成果を出す」。

これが短時間ミーティングのコツです。どのアイデアや提案が重要かを選び出し、そこに集中していくのです。

◉――コスト・労力を最小限に、成果は最大限……がポイント

じゃあ、少ない選択で成果の出る決断のポイントは何でしょう？

すぐできる――時間がかかる
コスト安い――コスト高い
会社にとって重要――重要でない（ミッションに沿っているか、いないか）
成果見込める――成果不透明

こういうふうに比べて考えてみてください。

優先的に考えるのは「短時間で可能（長くて1か月以内）」、「コストが安い」、「会社に

「決断」の数は、1チーム3つまで！

多すぎると……

「実行しきれない」

「ミーティングのたびに
新しい仕事が増える」

↓

最初は欲張らず少ない数から始めて
確実に実行して、小さくても成果を出す

（これが短時間ミーティングのコツ。
どのアイデアや提案が重要かを選び出し、そこに集中していく。）

少ない選択で成果の出る決断のポイントは？

すぐできる――時間がかかる

コスト安い――コスト高い

会社にとって重要――重要でない（ミッションに沿っているか、いないか）

成果見込める――成果不透明

**「短時間で可能（長くて1か月以内）」、
「コストが安い」、「会社にとって重要」、「成果が見込める」
――と考える！**

とって重要」、「成果が見込める」――ということです。

ミーティングを行なうことで、コミュニケーションと組織力が高まります。

さらに、**組織力を高めるためにはスピードと小さな成功体験の積み重ねが重要**です。小さな成功を積み重ねて「自分たちの自信となる」「お客様も喜ぶ」――こういう循環が自分たちでつくり出せるようになれば、どんどん加速していきます。

◉――「賛同なきチャレンジ」も、ときには必要だ

逆に、だからといって「すぐできない（時間やコストがかかる）けど成果の出る提案」は選択しない、ということではありません。

本来はこういうものにこそ、同業他社にはない独自化のチャンスや大きな進化のチャンスが眠っているはずだからです。

「これをやればいいのは、わかっている……。でもなかなか大変だしね」

そういうことは多いはずです。でもそうやって長年、蓋をし続けてきたチャンスをみんなの総力をかけて動かす。ミーティングがそのきっかけになります。

「賛同の多い提案を決断する」ことがいいように思われるかもしれませんが、すべてそうではありません。

意識的にしろ、無意識にしろ、人は自分が充分知識を持っていないよくわからないこと、新しいことには慎重なものです。結果的にあまり賛同しない、それを考慮していると新しいことへのチャレンジは起きない、だから同じようなことの繰り返し、結果大きな成果も出ない……そんな組織をよく見かけます。

「みんな嫌がるだろうけど、効果があるはず」――リーダーは、ときにはそう判断すべきだと思います。要は、成果を出すためには賛同が少なくとも決断する。

それが、真のリーダーシップだと思っています。

実際のクライアントを例に――。

私のクライアントに、北海道全域に展開している住宅メーカーさんがあります。

わずか10年ほどで、社員数は４倍の１２０名。だんだん社員数が増えてきて、早期にチーム力を向上させたいということで６年ぶりの全社研修を計画しました。

しかし、この時期は忙しい時期。しかも、チーム力向上という〝数字への連動が見えづらい〟研修に対する投資は「覚悟」が必要になります。

それでも、社長は決断しました。

研修終了後、全社員からアンケートを集めると「やってよかった」の声が多数。つまり結果的には実施して大成功だったのです。

実際に後日の定例ミーティングでお伺いしたとき幹部の方から「先週の全社研修、メッチャ盛り上がりましたね～。最初はみんな『めんどくせ～な～』みたいな空気満載だったのに」というコメントも、もらいました。

そのイベントもひとつのきっかけとなり、今では北海道全域まで拠点を広げ、建築棟数・売上も右肩上がりで成長を続けています。

「チーム力向上のために費用もこれくらいかかるけど、全社員集めて2日間研修したい。どう思う？」

もし社長が導入前に、社員にミーティングでヒアリングして多くの賛同がとれたら……と考えていたら、実施に至ったと思いますか？　多分、実施できないですよね。

この事例は全社規模の話ですが、ミーティングでの決断も同じです。

その体験をしたことのない人に「これ、いいと思う!」と言うだけでは、相手は未経験なのですから、良さを短時間で理解して同意してもらうのは簡単ではありません。ましてや「知らないこと、新しいこと、労力・エネルギーがかかる仕事」へのチャレンジは、みんなとっても慎重なものです。

みんなそうです。自分がいいと思えるチャレンジ以外のリスクは負いたくない。もちろんリーダー側が、その魅力を伝えるために信頼関係を構築することや、プレゼン力を向上することは大事です。だから、賛同を得られなくてもリーダーとして「成果が出るはず」と判断するチャレンジは決断する。

初めてのことでも「まずやってみよう!」という組織文化を創る。

そして「みんな協力してくれて、あれはやってよかったね」という小さな成功体験を積むことです。

◉自分以外の意見を取り入れることも、重要である

逆にリーダーによっては提案・アイデアを集めたけど「全然いいのがない」「これでは決められない」という人もいます。

原因は「質問の質が悪かったために提案もズレた」という場合と「自分の案がいちばん良いという思い込みが強く、リーダーとしての視点が狭い」か「現場の状況を正しく理解していない（考えに距離がある）」という場合です。組織として後者は大きな問題となります。

こういうタイプのリーダーは、「裸の王様」になりやすいものです。

そもそもみんなを集めて提案・アイデアを引き出し、結局「自分のやりたいことを押し付ける」なら、引き出す時間は無駄になります。最初から指示したほうが早い。

決断する際のポイントとして、「チームとして2個〜3個決定するときに、必ず参加メンバーの提案を1個は採用する」ことをお願いしています。

「まずはやってみよう」という思考はリーダー自身にも言えることなのです。

この経験のなかから「自分の思考の幅を広げる」「メンバーから提案→実行を引き出す」スキルが高まっていくのです。

「決断する」ときに大切なことは？

「賛同なきチャレンジ」も、ときには必要だ

「みんな嫌がるだろうけど、効果があるはず」
——リーダーは、ときにはそう判断すべき

↓

初めてのことでも「まずやってみよう！」
という組織文化ができる。

↓

そのとき……

↓

自分以外の意見を取り入れることも重要である

「まずはやってみよう」という思考は、
メンバーにもリーダーにも必要！

3 実行する事柄の「管理者」を決める

「どの提案を決断して実行に移すか？」を決めるときに同時に、「誰に管理者になってもらうのか？」も決めていきます。

◉──「実務者」ではなく「管理者」という定義で進める

私はいわゆる担当者を決めるとき「担当者」という表現をしません。「管理者」と言います。私の言う「管理者」の定義は「**全部自分がやらなければならない人**」という実行者という意味ではなく「**計画通り実行されるように管理監督する人**」という意味です。

つまり自分が実行者として進めてもいいですし、他の人に依頼して実行部分を手伝ってもらってもＯＫ。結果として計画通り進めるように管理することが、主な役割です。

まずは自薦（立候補）、次に他薦（リーダーの指名）です。

①それぞれの決定案件に対し主体的に管理したい人は？　と一度確認する
②いなければ（あるいは足りなければ）、リーダーが指名する

主体的な動きを部下に求めるリーダーは、こう考えるかもしれません。

「私が指名するのではなく、どの案件を管理したいか自主的に手を挙げてほしい」と。

しかし私の経験上、決めた案件に対し、そして必要な人数に対し、自主的に参加者から手が挙がり、バランスよく決まることはほとんどありません。**未経験の仕事だったり忙しいと「新たな仕事を受ける」ことに慎重になります。立候補を待つ時間もありません。**

ですから立候補がいない場合、リーダーは決定した案件を、

「個人の適性を考えて、誰にどのプランを管理してもらうことが効果的なのか？」

「現状の仕事も考慮して、誰かに偏らないようにどう配分するか？」

を考えて選任します。この選任はできるだけスピーディーに決めます。

●――単純に「提案した人がやる」ではいけない

管理者を決めるときのよくある失敗例を紹介します。

ミーティングで誰かが良い提案をしてくれた。リーダーは「それ、いいね！」と嬉しく感

じ、きっと提案してくれた本人にしてもらうのが、いちばんいいだろうという判断から「じゃあ、それやってくれるかな?」と提案してくれた本人に依頼する。

またはいくつかあるなかで、ある人の提案・アイデアがたまたま偏って決断された。「本人がいちばんわかっているだろう」と、その提案・アイデアの管理者もその本人を選んだ。

しかし、このパターンが繰り返されるとどうなるか?

「だんだん誰も提案しなくなる」

そうですよね?

提案するたびに(採用されるたびに)結局自分の仕事に振りかかってくる……、結果としてどんどん自分だけ仕事が増えていくわけですから。

ですから「管理者」を決めるときに大切な考え方があります。

「提案した本人だけがやる」という暗黙の法則をやめる、ということです。

そのためには、別の方法として「管理者の2名体制」または「別の適任者に管理者になってもらう」ことです。「ひとつの案件の実行すべきボリュームが明らかに多く、1人では荷が重すぎる場合」もそうです。

「2名体制にしたら責任の所在が曖昧になって責任感もなくなるのでは?」という心配はありません。1人にしたから実行力が高まるケースを、私はあまり経験していません。むしろ「進んでいるのか止まっているのか?」「何が原因で止まっているのか?」……本人も発信しないし、こちらも把握できない、そんなブラックボックス化してしまっているケースのほうが多いと感じます。

2名体制にすることで、1人が大変でも、もう1人が動ける場合もあります。

1人がテンパっていたら、もう1人が自覚して発信(報告)することくらいはできる。1人では甘えてしまうことも、もう1人に迷惑をかけないように頑張る場合もある。

1名体制だと、忙しいとき誰に声をかけていいのか迷います。2名体制なら誰に相談していいのかお互い相談しやすい、などメリットのほうが多いのです。実際、実行力を比べても2名体制の効果が高い場合もあります。

ただし3名体制4名体制になると、逆に実行力が下がる場合があります。

◉――決めた理由を説明すると、組織の溝が埋まっていく

リーダーが決めたことは最後に説明しましょう。

決定後は計画を立て、みんな手分けをしながら確実に実行してもらうために、この説明の場は長い時間をかける必要はありませんが大切です。

参加者（部下）にたくさんあった提案・アイデアのなかで、
「なぜこの提案を決定したのか？」
「誰に管理者になってもらいたいのか？」
「どんな風に（最終のイメージや実行期間）進めていってほしいのか？」
を説明して「理解度（距離）の溝」を埋めていくのです。

同じ会社にいて、誰も自社を悪くしようなんて思っていない。でも実際はお互いが理解不十分で「わかっていない！」と否定し合う会社が多いのも事実。

肩書きの違い、キャリア（知識・経験）の違い、勤務年数の違い、世代の違い、性別の違い、価値観の違い……など様々な要因から「理解度（距離）の溝」ができます。

「自分はいいと思わないのになぜリーダーはそれを選んだのか？」を説明することで理解度を埋めていくことも、リーダーの育成の視点においては大切な時間なのです。

成果の出る決断をするときのポイント

付箋に書いた提案・アイデアは「見える化」することで決断しやすくする

選択と集中で確実に実行する

必要な革新的チャレンジは同意がなくても決断する

「実行者」ではなく「管理者」を選任する

提案した人を管理者にしてばかりだと失敗する

リーダーが決断した内容は必ず説明して、よく理解してもらう

実行する人は「担当者」と呼ばず、

「管理者」と言う。つまり――、

「計画通り実行されるように管理監督する人」

4

強い組織にする〝約束事〟の5つのポイントとは？

◉――合意とサポートができれば組織は強くなる！

ミーティングに限らず、普段の職場でも成果を出すチームには約束事があります。経営理念などを担っているチームもあれば、暗黙でそうなっているチームもある。

私は**強い組織にする〝約束事〟をまとめ、ミーティングに取り入れることでどんな組織でも大きな成果を収めることが可能になる**と思っています。

ここではその5つのポイントを紹介します。

まず、**「一度決定したらまずやってみよう。そしてこれが成功するようにみんなでサポートしよう」というルール**。

自分の提案が採用されず、他の良くない（と自分が思う）提案が採用されることもあります。そんなとき、心のなかで「オレは知らないよ！　うまくいくわけないじゃん！」とへそを曲げる人がいます。あるいはミーティング後に席に戻って部下に悪く言う人もいる。または「お手並み拝見だね！」と、反対していないけど協力もしない人がいます。他人事に置き換えるのです。

こういうメンバーが多い組織は成功しません。

100％間違いのない決断なんてありません。

成功するかどうかのポイントで大切なのは「質の高い実行をしたか？」です。

そのためには、反対意見の人のミーティング後の言動も重要です。

「最初は自分もむずかしいと思ったけど、みんなで決めたから俺は成功するように頑張ろうと思う。みんなも忙しいとは思うけど、お客様のために協力してほしい！」と、部下や周りに話すことができるメンバーが多い会社は、何をやっても成功します。

プロスポーツチームの世界でも、仮にどんな不満な作戦であれ、その作戦がうまくいくように（勝てるように）どの選手も全力を尽くしています。

「作戦が気に入らないから俺はプレーしない」と、へそを曲げる選手はいません。

ビジネス組織（チーム）も同じ。

「決めたらみんなで協力して成功するようにまずやってみる！」——これが第一のポイントなのです。

◉——「誰かが失敗したら自分にも責任はある」という考えが組織を強くする

次に、「もし誰か違う担当者の実行力不足で失敗しても、サポートできなかった自分にも必ず責任はある」というルール。

ビジネスの多くは〝チーム〟で動きます。チームである以上、それぞれのコミュニケーションは不可欠です。**ミーティングは、うまくいかないときのコミュニケーションアップの効果的なツール**でもあります。

うまくいかないとき「あっちの部署が悪い」「あの人がダメだから失敗した」そんな話が多くなります。自分は悪くない——と。

しかしこの〝他責〟の発想では、いつまでたっても成功しません。

提案内容・アイデアや決断が悪いのではなく、〝考動パターン〟が悪いのです。

同じようにプロスポーツ（サッカー）にたとえると、負けた試合後のインタビューを聞いていてもそうですよね。

「監督の作戦が悪くて負けた！　俺たちは悪くない！」

「攻撃陣が不甲斐ないから負けた。俺たち守りは悪くない！」

と叫ぶプロ選手はいないはず。

逆にキーパーのミスで負けても「僕たち（攻撃陣）が点を取っておけば負けなかった。自分たちの責任です」と言っていますよね。

ビジネス組織（チーム）も同じ。

「成功しなかったときは自分にも責任はある」と考え、

「今後どう軌道修正するか？」「自分にできることは何か？」

そう〝考動〟することが大切です。

●――ダメ出しするときには必ず「改善提案」をつける

私のミーティングでは、組織が前に進むために「改善提案をつけた否定は大歓迎」というルールをお勧めしています。

条件は、「改善提案をつける」ことです。

つまり**「単なるダメ出しをするだけなら発言不要」**ということです。

「改善案がなければ否定してはダメなのか？」

「そんなことを言っていたら、否定的な話は言えないのでは？」

そんな質問もいただきます。結論から言えば両方「はい」です。

例えば、

Aさん「1番の方法だと□□の問題があるのでやめたほうがいい」

Bさん「じゃあ、2番の手法で進めてみては？」

Aさん「いやいや、2番の手法だと△△のような問題が潜んでいてむずかしいと思う」

Bさん「じゃあ、3番でいこうよ！　それしかないじゃん！」

Aさん「うーん、3番はW社がやっていて失敗したらしいよ」

このように、否定のみを認めていると組織が前に進みません。「否定をするだけ」を採用していたら、結局「現状維持」ですよね。

私たちのミーティングは、少ない時間で未来を創るミーティングです。

より高いステージを目指すとき、目の前の課題をチャンスに変えて進化しようとするとき、「提案なき単なるダメ出し」は単なるブレーキで終わってしまいます。

ましてや、世界平和や政党政策などのむずかしい議論をしているわけでもありません。そういう壮大なテーマなら、時間をかけた議論も、ダメ出しもあるでしょう。

しかしテーマは自分たちの職場のことです。誰よりも自分たちで、わかっていないといけません。

リスクを教えてくれるのはありがたい。ですが新しいことにリスクはつきもの。

そのなかで何を選んでいくのか？　が大切です。

そしてこういうケースの場合「Aさんは結局新しいことをやりたくないんでしょ」というふうに見えてしまう。

「批評をすること」「反対すること」は簡単に誰にでもできます。

しかし「改善提案をつける」ことはレベルの高い思考パターンです。これができるようになる組織だけが「進化」し、同時に「スタッフ育成」に導くことができるのです。

ダメ出しばかりで、上司も部下も改善提案を出さないミーティングからは、結果的に何も生まれません。

「どうすれば、良くなるか」

を上司も部下も考えてこそ、質の高いミーティングになるのです。

◉——提案したけど却下されたら、部下のプレゼン不足！

提案したけど却下されたら……これは100％部下のプレゼン不足です。

私自身の苦い経験や、様々なクライアントを見てそう断言できます。

ミーティングでも同じです。

部下の意見が上司に却下された場合、ほとんどの問題は提案内容の不足です。

しかし却下された本人にはその自覚がない。当然、却下された部下は面白くありません。

「せっかく提案したのに、結局、部下の提案に耳を貸さない上司だ」とへそを曲げ、そして居酒屋で仲間と発散するわけです。「うちのリーダーは何もわかってない！」と。

部下が上司を批判するとき、気をつけないといけないのは「自分自身の提案が充分でな

かった」という自責の認識です。

こう言っても、部下のあなたは納得いかない部分もありますよね？

わかります、若い頃の私も同じでした。しかし、いつまでもこのままではいけません。提案が却下されたら、上司と「却下された理由」についてしっかり話をして、

「提案内容を改善して再度提案したらどうなるか？」

「一度だけでなく何度も改善して提案していったら？」

「自分以外の人間が、より魅力的なプレゼンシナリオで説得したら？」

ひょっとしたら判断は変わるかもしれませんよね？

家族を例にするなら部下は子供、上司は親です。

子供のときは親の気持ちを理解できません。いや、正確に言うと勝手に理解しているつもりです（そこまで極端な違いはないですが）。

子供は自分なりの正当な理由があって「おもちゃを買って！」とねだる。

そして「お金がない」「こないだ買ったでしょ！」と言って拒否した親に対して「自分のことを愛していない」「うちの親はケチ」と勘違いをしてその不満を周りの友達にぶちまけていませんでしたか？

でも、これって「提案を却下されて一方的にへそを曲げ、周りに不満を言う部下」のパターンと同じですよね。

上司のほうが広い視野で物事を見ているはず。

だから「提案を却下した上司が悪い、バカ」で周りに不満を愚痴るのではなく「採用できない理由」があるはずなのです。**却下されたことをそう捉え、改善に向かったほうが個人としても成長できますし、組織にとっても良い影響を及ぼす**はずです。

逆に言うと、上司にはそれだけの〝器〟が求められるのです。

もちろん完璧な上司など、いません。しかし組織においては、基本的に上司の判断のほうが正しいという原則を守らないと、バラバラになりかねません。

◉―自分が部下からされて嬉しいことを、上司に対して行なう

少しだけ、私の失敗例を紹介しますね。

私は、どんどん業績を上げていく営業部長時代がありました。私も〝天狗〟になっていた。自分の判断が正しいという自信を持っていて、現場を見ていない役員に対し提案して却下さ

れたら「何もわかってないよな〜」と、周りに不満をぶつけていました。

その後、今度は自分が現場を離れ遠隔で部下を育成する立場になり、仲の良い一般社員がこっそり教えてくれました。

「こないだAさん（部下）が『矢本部長は最近何もわかっていないよね。現場を離れて勘が鈍っているんだ』と愚痴っていましたよ」

私は愕然としました。

同時にあることに気づきました。

「あ、自分がやっていたことをそのまま、鏡のようにやっているんだな」と。


そしてもうひとつの気づきもありました。

「自分だけは例外だと勘違いしていた」

当時の私は無意識にこう思っていたんです。

「自分は上司の悪口を言ってもいい。でも部下から言われるのは嫌だ」と。


矛盾していますよね？

客観的に振り返ればわかりますが、そのときは気づきませんでした。

「矛盾していたんだ。自分だけ例外はないんだ」と気づいたときに、**「部下が自分の鏡のようになるなら、自分が変われば部下の立ち居振る舞いも同じように変わる。**それならどんな立ち居振る舞いをすればいいのか？」

と逆説的に考えるようになりました。

そこで実践したのが**「自分が部下からされて嬉しいことを、上司に対して行なう」**です。

先ほどの提案例のように、上司に却下されても「何が足りなかったのか？」を確認して必要であれば再提案する。

逆に部下に説明するときは「足りなかった理由を説明して、まずは今の会社の方針がうまくいくように頑張ってみる。協力してほしい」と話すようにしました。

すると、部下も変わっていきました。

自分が上司だったらしてほしいことを実践する。それを部下が見て真似る。……こうすることで組織は大きく進化をしていったのです。

強い組織にする5つのポイント

一度決めたら、みんなでサポートする！

「誰かが失敗したら自分にも責任はある」と考える！

「ダメ出し」するときには、必ず改善提案をつける！

提案を却下されたら上司が悪いのではなく、
プレゼン不足だと考える

自分が部下からされて嬉しいことを、
上司に対して行なう

**この「5つの約束事」がきちんとできていると、
組織は自然と強くなる！**

STEP 3

ミーティングの結果を必ず実行する！

◉決まったことを必ず実行に移す「計画ミーティング」とは？

ミーティングの最も大事なポイントは、
決まったことを、どうやって「実行」するか、である。

1 合意が形成されたら「計画」にかかる

◉――実行前に、どこまで「計画」できているかが成功のカギ

やることが合意でき、実行に移すとなると、計画作成です。

合意できても、現場にスタッフが戻ると、「その後、誰も何も連絡してこない」(進捗の報告がない) ことがあります。こちらから確認すると「現場が忙しくて……」(実行されていない)。あるいは、「次回以降のミーティングで前回の話が出てこない」。結局、少しも前進せず、何もできていません。

このように**多くの会社が「実行できない」現状に悩みを持っています。**

なぜ実行されないのか?

ミーティングでは、いろいろなことが話され決定します。なかでも重要なのが、「新しい未来の創造」です。この過程でコミュニケーションも円滑になっていきます。

しかし、こういうミーティングで決めたことは、「新しいチャレンジ」が多い。だからミーティングで決まった新しいことは、

「後で詳細を詰めよう」
「時間ができればやろう」
「空いている時間を見つけて……」

で、とりあえずいつも通り解散してしまう。

もちろん当初は、それが大切なのはわかっています。でも、現場に戻るといつもの決められた仕事（ルーティンワーク）も山積しているわけです。

お客様への前線に立つメンバーは、クレームが起きないように「決められている日々のお客様の接客」を最優先する。制作などの裏方メンバーは「今まで通り作成物を失敗なく作り、納期を守ること」を最優先します。

どこも人員に余裕はなく、みんな決められた時間内に決められた仕事をこなすことで精一杯。その結果、なかなか新しいチャレンジに着手できない。

そして「決めたことへの新しい取り組み」に対する気持ちの温度が下がり、そのうち「何

のためにそれをするのか？」が忘れられていき、最後は何も変わらない……。

そしてそれが繰り返され、「何も進まないこと」がその組織の文化になってしまうのです。

これでは何のためのミーティングか、わかりません。

この章では、そのパターンを解消する「計画ミーティング」をお伝えしていきます。ミーティングのステップの最後に位置づけられるものです。

◉——ミーティングの最後に、必ず実行計画を確認する！

多くの会社で、ミーティングや会議で決まったことが実行できない理由は「誰が？」「何をする？」だけを決めて解散しているからです。

そこでミーティングの最後には必ず、「計画ミーティング」を行ないます。

この計画ミーティングは、**通常は解散後に行なわれる実行の第一歩をその場のミーティングでスピーディーに決めて、現場に戻ってからの負荷を軽減する**——という手法です。

例えばミーティングのテーマが集客だったとします。そしてプランのひとつに「展示会で配るチラシをつくる」が決まり、Ａさんがチラシをデザインすることが決まりました。

それぞれの人が頭に描いているものは千差万別。ましてやデザインが得意だからという理

「計画ミーティング」の大切なポイントは？

「後で詳細を詰めよう」
「時間ができればやろう」
「空いている時間を見つけて……」

ミーティングや会議で決まったことが実行できない理由は
「誰が？」「何をする？」だけを決めて解散しているから！

ミーティングの最後には必ず、
「計画ミーティング」を行なう

例 ミーティングのテーマ――「集客」
決まったプラン――「展示会で配るチラシをつくる」
管理者――「Aさん」

計画ミーティングのなかで、「手書きでいいからレイアウト、写真の中身や大きさ、キャッチコピーや文字量」などを確認、意見交換してイメージの共有を図る。

計画ミーティングのなかで
決められることは決めていって持ち帰らない

由だけで管理者になった場合、本人にイメージがないと前に進みません。

また仮に上司から「とりあえず何か考えてデザイン見せてよ」と任され、独自に進めたとします。本人なりに考えてデザインを作成して上司に見せた。


上司「なんか違うんだよなあ。ここのデザインはもっとこう○○と……」

本人（心の中で）「イメージあるなら最初から言ってよ！　忙しい合間にせっかくつくったのに自分の時間を損した！」

そしてモチベーションが下がり、同時に実行スピードも下がっていく……。


そういった悲しいすれ違いをなくし、お互いのストレスと労力を軽減したいのです。


そのために、この計画ミーティングのなかで、「手書きで超ラフでもいいのでレイアウト、写真の中身や大きさ、キャッチコピーや文字量のイメージ」など個人差が出そうな部分をその場で確認、意見交換してイメージの共有を図るのです。

これで作成者が一人で悩む時間ロスをできるだけ軽減して、第一歩を踏み出しやすくします。事前にイメージ共有しているので、上司に確認しても修正幅が少なくて済むのです。

◉——新しいチャレンジでは最初の一歩がいちばん重い

私はたくさんのミーティングを見てきました。その結果、新しいことにチャレンジしようとするほど、最初の一歩がなかなか踏み出せない。そう感じます。少しずつでも進んでいけば、いずれ勢いがつく。でも、止まっている組織を動かすときの最初がいちばん重い。

だからこそ、この計画ミーティングでは、**通常は解散後に行なわれる実行の第一歩をその場のミーティングでスピーディーに決める**のです。これによって逆に「現場に戻ってからの個々が無駄に労力をかける時間と負荷を軽減する」ことにもつながるのです。

他にスタート後の第一歩として時間のかかることと言えば、「日程&時間調整」。

参加している者同士で「今後、詳細の打ち合わせをする」ことが「実行の第一歩」として必要だとします。

まず「後ほどメールで日程調整しようね」と解散した。しかし、現場に戻って仕事に追われると「メールが翌日」になる。翌日見た相手はすぐ返信できず「そのまた翌日返信」をしたとします。何度かのメールの交換で、実際の打ち合わせ日程が10日後にようやく決まる。

そして実際に会うと、ミーティングから12日も経っているから、
「あれ、あのミーティングで何をやると決まったんだっけ?」
「うーん、そもそも何でこれをやるんだっけ?」

このように**現場の仕事を優先していくメンバーにとって「日程・時間調整」だけでも、どれだけ実行を遅らせていることか!** そして、ミーティングで決まったときの記憶が薄くなり、気持ちの温度も下がります。最終的には「いつの間にか」消滅していたり、やっつけ仕事のような感じで実行して、結果が出なかったりします。

そもそも今いるメンバーとの打ち合わせの日程を決めることくらい、1、2分あれば充分。それを「また後で」とすぐ解散してしまうから、よくないのです。その結果、調整に何日もかけてしまうのですから、実行力が下がるのは当然ですよね。

だから、そうならないようにミーティング中に第一歩をスピーディーに決める。すぐに動くという仕組みが必要なんです。

◉——「期日」より大切なのは「実行日時」

「期日を設定しても実行できない」という組織も多くあります。

いわゆる「決めたけど実行できない」状態です。

実行できない理由を聞くと、

「空いている時間にと思ったけど、なかなか時間が……」

「日常業務（ルーティンワーク）が忙しくてできなかった……」

がほとんどですよね。

つまり、空いている時間を見つけて実行するつもりだったけど、結果として日常業務に追われて「決めたことをやる時間を捻出できなかった」というケースです。

それを「大事なことだから何とかしろ！」と上司が言っているだけでは変わらない。

じゃあ、どうするか？

「いつまでにそれをするのか？（期日）」より「いつの時間にそれを実行（作業）するのか？（実行日時）」のほうを重要視し、決めるのです。

子供の勉強で例えるなら、

「いつまでに数学の宿題を終わらせる」という期日を決めることより、「いつの時間に数学の宿題をする」という実行日時を決めるほうが大切——というわけです。

仕事での新しいチャレンジも同じ。合間を見つけられないなら、その時間に投資するという覚悟も必要です。

例えば「営業成約率を高めるための営業トークのロールプレイング」を決めた。「今月中に3回実施する」と決めても「空いている時間を見つけて……」だと、なかなか実施できない。でもそれが大切なことならば、どうでしょう？

優先順位を上げて、実施する時間を確保して必ず実施する、という姿勢が大事です。

今までと違う新しい結果をもたらそうとすれば、今までしていない新しい決断が必要になります。いくら理想論だけのプランを決めても、実行できなければ結果は出ません。

理想は、部下が「空いている時間を見つけて、勝手に実行してくれること」ですが、実行力のまだ弱い組織は「いつ実行（作業）するか」という実行日時を決めて、その時間を確保することが確実に実行力を上げるポイントです。

大切なのは「期日」より「実行日時」！

新しいことにチャレンジするときは、
「最初の一歩」が重要になる

スムーズに第一歩が踏み出せず
実行できないのはなぜか!?

**スタート後の第一歩で大切なのが、
「日程・時間調整」。
これをミーティングで決めてしまう！**

期日を決めても実行できない組織は？

**「いつまでに終わらせるか」という「期日」より
「いつの時間に実行するか」という「実行日時」を
重要視し、決める**

2 計画時に決めるべき5つのポイント

◉——このステップで「実行日時」を決めていく

では、ここまでの流れを整理しながら、計画ミーティングで決めるポイントをまとめていきますね。

実行力が弱い会社は、最初の計画が曖昧な部分が多いものです。一人ですべてをやるわけではない〝協働〟が必要な会社組織において、**曖昧な計画のままで個々の「スピーディーで具体的な実行」は生まれません**。きっちりと決めるべきところは決めて、次の段階に進む——。そう、一歩ずつです。

「実行力が高まる5つの計画ポイント」を紹介していきます。

① 何をするか？

② 誰と誰がするか？

「リーダーを中心に決める」流れをＳＴＥＰ２で紹介しました。管理者２人体制が理想的ということです。その上にリーダーがいます。

この２つのポイントは、ＳＴＥＰ２で説明したことと同じです。

ここでは残りの３つのポイントについて説明します。ここも非常に大事なポイントになってきます。

③ いつまでに？

管理者2名が決まったら、ここから先は5分くらいで自分たちのスケジュールを見ながら「期日（いつまでに実施する？）」の計画を本人たちで決めてもらう時間を取ります。

「○月○日までに完成させる」

「○月○からこの新しい方法をスタートさせる」

など具体的なスタート日や必要日数を、管理者同士で確認して、正確な期日（日時）を提案してもらいます。

実はこの「日程の計画」が、計画作成のポイントにもなるのです。

この日程が曖昧だと、

上司「できるだけ早くしてね（早くって言っているんだから2日以内だよ）」

部下「できるだけ早くですね、わかりました！（僕は今忙しいのを知っているはずだから4日以内で充分でしょ）」

結果、2～3日経っても、何の音沙汰もない。

上司（イライラしながら）「例の件、どうなってる？」

部下（悪気なく）「明日には完成する予定です」

そして上司に「あいつは仕事が遅い奴」という烙印を押されてしまうわけです。

よくあるこんな誤解が起きないように、お互いの認識を共有するために必要なのが具体的な期日設定です。

あ……、よくある「○月上旬までに」とか「下旬までに」も曖昧でダメですよ。しっかり

「○月○日」と設定してください。

④いつの時間にどんな順番で進めていくか（実行日時）？

この「いつまでに」という期日を決めるよりもっと大切なのが、157ページで説明したように「実行日時」を決めることです。うまくいかないときは、この③と④の順番は逆でもかまいません。

どんな順番で進めていくのか？
どこの時間でそれを実行するのか？

「実行日時」を決めていきます。

例えば今日のミーティングが5月9日で、「AさんとBさんが協働（管理）して、5月31日までにYさんの営業ロールプレイングを3回実施する」ということが決まったとします。

「実行日時」を決めていくとこんな感じになります。

1　5月10日までに先輩Bさんのロープレを動画に収める
2　その内容を勉強して1回目のロープレを5月18日17時から実施（Aさん確認）
3　2回目を5月25日17時から実施（Bさん確認）
4　3回目を5月31日16時から実施（Bさん確認）

ここでのポイントの1つ目は、「順番のイメージを共有する」こと。

ポイントの2つ目は「この場で決められることはできるだけ決める」です。よくある**「スケジュールの詳細は後で話し合う」にしないこと。できるだけ宿題を現場に持ち帰らない。**

ポイントの3つ目は「この場で、できるだけスケジュールを決めて、お互いそのスケジュールを確保しておく」こと。

「時間を見つけて」「仕事の合間に」……こんなふうに曖昧にはしないことです。

もちろんここにロープレ対象者のYさんがいなくて、シフトもスケジュールもわからないのであれば「後で確認しよう」となって、しようがない場合もあります。

でも、シフトやスケジュールがわかるのであれば、〝仮〟であっても必ず日時を決めるようにしてください。何も決めないのが、いちばんよくありません。
それによって「各ステップでのやるべきことが明確」になり、「現場に戻ってからの労力軽減」につながり、実行力アップの第一歩になるのです。

また実行力の高い組織に共通することがあります。

それは「最初の一歩を当日から3日以内」にする組織は間違いなく実行力が高い——ということです。先ほどのロールプレイングの例で言えば、「5月9日にミーティングをして第一歩の動画撮影は翌日10日」に設定していますよね。

このように経験上、逆に最初の一歩をミーティング当日から3日以内に実行できない（先延ばし系）組織は実行力が弱い。**ポイントは「第一歩は当日から3日以内の法則」**です。試してみてください。

◉——何を目的にこの計画が立てられたか、を共有する！

「何をするか」から始まり、「いつやるか」まで、4段階決めてきました。

実行力が高まる計画を立てるとき最後に大切なのは、

⑤これをする「本当の目的」をメンバーが共有する

ということです。これが実行日時を決めるポイントの5番目です。

「そもそも何を目的にこの計画が立てられたのか？」

「終わったときにどうなっていれば成功なのか？」

このことを設定・共有しておくとより効果的です。

目的と手段を履き違えてしまうと、成果につながりません。しかし往々にして、「何が目的か」が曖昧になるものなのです。

例えば、先ほどの営業ロールプレイングを例に見てみます。ここでの目的は、「Yさんの6月営業成約率50％超え（現状35％）」です。

そのための手段として「動画撮影」や「3回ロールプレイング」があるわけですよね。「動画撮影」や「3回ロールプレイング」は、目的ではありません。

こういうことを共有しておかないと「ロールプレイングを3回実施」がいつの間にか目的になってしまいます。その結果、「ロールプレイングが3回終わったので終了しました！」

と報告してしまいます。

上司は「で？（成果出たの？）」と質問し直す。

仮に3回実施して成約率が上がらなければ、目的は達成できていません。

では、もっと回数を重ねるか？

違う方法で成長を促すか？

目的である成約率までチャレンジを繰り返すことで、確実な成果につながります。


他の事例を紹介します。


例えば、レストランのミーティングでテーマは集客。

「近隣に1000枚ポスティングをする」というプランが決まりました。目的はそのチラシを見ての来館が20組です。

その場合、「1000枚配る」ことが目的ではなく、そのポスティングのチラシから「20組の集客をする」ことが目的です。これを明確にすることで仕事にも意味が生まれ、ポスティングの〝質〟も変わります。

つまり、「少しでも来客してくれそうな家にポスティングする」など、配る人もいろいろと考えるようになります。

仕事の「質」が上がるのです。

目的を明確にしないとどんなことが起きるか？

家のポスティングでも同じチラシを何枚も同時に入れたり、街角でのチラシ配りもすごく嫌そうに配っている人を見かけます。「あー、きっと嫌なんだろうな～」と感じるくらいに投げやりに配っている人も見かけます。

その多くは、配るという作業が目的になってしまっているのだと思います。

その結果、本当の目的から大きく外れてしまう。周囲に悪影響を及ぼし、むしろじっとしていたほうがマシという話にもなりかねません。

このように、**目的を明確にすることで手段への取り組み意識も変わります。**

計画時に決めるべき5つのポイント

①何をするか？

②誰と誰がするか？

③いつまでに？

④いつの時間にどんな順番で
進めていくか（実行日時）？

⑤これをする「本当の目的」を
メンバーが共有する

「何をするのか？」「誰と誰がするか」は
リーダーが中心に決める。
「期日」「どんな順番にいつするのか（実行日時）」
「目的」は管理者が提案

3 つくった計画を全員が確認し合う

◉──最後にメンバー同士で確認する

管理者同士が話して5つのポイントが決まったら、最後に自ら発表してリーダーを含めたメンバー同士で確認します。

これを私は「宣言する」と言います。

通常よくあるケースは「期日」や「順番」を上司から一方的に押しつけられることが多いと思いますが、ここでは自分たちが決め、提案してもらうわけです。

当然、**自分たちで決めて宣言するほうが実行力も高い。**

しかし、このスケジュール案はあくまでも管理者同士が話し合っての提案です。

作成した計画をメンバーが確認し合う

計画時の５つのポイントが決まると……

↓

自ら発表して、リーダーを含めた
メンバー同士で「確認し合う」

これを「宣言する」と言う

［宣言を聞いた後に、リーダーは要望があれば
「リクエスト」する］

↓

リクエストされた管理者は、
その場で検討する

自分たちで決めたことを宣言（みんなに発表）
することで「自ら実行する」主体性が生まれる

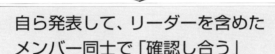

ですから、発表を聞いた後にリーダーは要望があればリクエストしてください。

例えば、「期日を1週間早めてほしい。理由は、今のうちのチームにとってそのプランは最優先だから」というふうに。

◉——リーダーは要望があればリクエストし、管理者はそれに応える

そしてリクエストされた管理者は、その意向を踏まえ、その場で検討してください。可能か、不可能か？　そして、もし厳しいようなら「できる方法」を提案してもらいます。

例えば、**「○○の仕事を一時的に他の人にも手伝ってもらえれば可能です！」などというふうに提案**します。


「このプランの実行が、どれくらいチームにとって大切なのか？　優先順位は？」

こういう価値観（モノサシ）は人、立場によって違います。

だからこそ、みんなのいる場でお互いが話し、チームとしての価値観（モノサシ）や優先順位を合わせていくのです。

STEP 4

必ず「軌道修正ミーティング」を行なう

◉15分ミーティングの後、
随時「できているか」をチェックする

「15分ミーティング」＋「修正ミーティング」で、
成果を確実なものにする！

1

強い組織には、「軌道修正力」が備わっている！

◉——「15分」だけでは〝やりっ放し〟になることもある!?

これまでのＳＴＥＰ１～３で、「15分間ミーティング」のポイントと〝流れ〟を説明してきました。それぞれ５分と考えると、15分で終わります。

しかし私が本書で言いたいことは、「15分」は目的ではない、ということです。

プロローグでも強調したように、もっと早めに終わってもいいですし、１時間ぐらいになってもかまいません。**要は、ここまで説明した「ミーティングのポイント」を押さえてさえいれば、〝時間〟は何分でもかまわない**のです。

私が強調したかったのは、現場スタッフがサッと集まり、前向きに問題解決する〝文化〟を創ることです。実際に私はクライアント先で多数の参加者と複数のミーティングを30分以上かけて行なっています。しかし、2～3人で行なう簡単な案件なら15分でも充分にできることを言いたかったのです。

同時に、形骸化された会議の無意味さも強調したかった。

さて――。

この前のSTEP3で、実行日時も決めて、みんなに宣言するところまで説明しました。これで「15分間ミーティング」の進め方はおわかりいただけたことと思います。

しかし、現実問題として「15分」は、たしかに短い。コミュニケーションを円滑にするための普段の話し合い、という意味合いならOKですが、何かそれなりのことを「実行して成果を出す」となると、〝やりっ放し〟で終わりかねません。

「決めたことができていない」
「一度はやったけどそれっきり。その後は尻切れとんぼ状態」
「順番通り進めているけど、当初の計画からは大きく遅れている」
「やってはみたものの意外に難易度が高く、期待していた効果は見込めない」
「当初の予定よりコストがかかる」

こういう問題は必ず起こります。

このとき、成果を出す組織と出せない組織の違いが問われるのです。

それは、「軌道修正能力」の差です。

◉――計画通りにいかないときには、すぐに修正する！

「軌道修正能力」とは、例えるなら「車のナビ」です。

目的地を設定すれば予定のルートを外れても、また軌道修正して目的地に向かうように提案してくれます。このように**「目的が達成するまでアプローチを変えて、継続して実行していく力」**のことです。そしてこのことを継続すると、圧倒的な成果を生みます。


実際、良い計画を立てたつもりでも思い通りにいかないことは必ずあります。

いや、計画→実行に慣れていない組織の場合、最初は予定通りにいかないことのほうが多いかもしれません。

しかし、一度決めたことがうまくいかないからといって、そのつどフリーズしていたのではいつまでたっても前進しないし、目的は達成できません。ダメなら軌道修正する。そのためにＳＴＥＰ１で述べたように、たくさんのアイデア・提案を集めているわけです。ダメならあのなかから別案を選択すればよいのです。

山登りをイメージしてください。

目的地の頂上に向けて計画します。その山への登り方はいくつかの選択肢がある。そのなかで今考えるベストのルート選択をして、準備してスタートします。

しかし、道が塞がれていた……など計画していた通りの展開にならないこともある。そんなときはまた別のルートを再選択して、頂上を目指せばいいのです。

そのために必要なのがこの「軌道修正ミーティング」です。

いわば、ミーティングの〝最後の仕上げ〟と、フォローです。ここからはその具体的なミーティング方法を紹介します。

2 決めたことを「見える化」するメリットは？

◉──ミーティングで決めたことは「共有」する！

「前回何を決めたんだっけ？」がないように、決めたことを忘れず共有して、現状把握をするために、私は「見える化」することをお勧めしています。クライアントさんの業種業態によってフォーマットはカスタマイズしていますが、ここでは最もシンプルなフォーマットで紹介しますね。

これは、あるクライアント先（写真館）のフォーマットです。

会社のコンプライアンスが厳しい場合は、エクセルやナンバーズなどＰＣのソフトを使って会社の共有フォルダなどでお互い把握します。またはスマホのアプリを活用してメンバー

軌道修正ミーティング（アクションプラン）のポイント

プロジェクト名【　　　　　　　　　】5/26軌道修正MTG

部門名【　　　　　　　　　】

何を	誰と 誰が	期日 from	期日 to	【目的（または数値目標）】完了したら実績
スタッフYさんの成約率アップ	安倍 板野	5月1日	6月1日	6月5日から成約率目標50%
①先輩スタッフのロープレを動画撮影	安倍 板野		完了	板野さんのロープレを5月10日に撮影完了
②先輩同行のロープレ練習を３回実施	安倍 板野	5月11日	5月31日	5/18 17時～ 5/25 17時～完了 5/31 16時待ち
③河合店長の最終チェックを受ける	安倍 河合		6月1日	

何を	誰と 誰が	期日 from	期日 to	【目的（または数値目標）】完了したら実績
アルバイトBさんの受付業務教育	中川 山下	2月1日	完了	【目標】4月から受付が１人でできる 【実績】4/10から１人で対応し問題なし
①マニュアルを渡して読んでもらう	中川 山下		完了	
②中川さんと１ヶ月OJT	中川 山下		完了	（中川さん公休日は山下さんと）

何を	誰と 誰が	期日 from	期日 to	【目的（または数値目標）】完了したら実績
倉庫の掃除	鈴木 田中	4月1日	5月28日	裏の階段に置いてある荷物が全部収納できていること
①4/23の定休日に掃除&移動する	鈴木 田中		5月28日	4/23に清掃したが大雨で荷物移動中止 順延して5/28定休日に移動

1
何をする？
誰と誰が？
いつまでに？
目的は？
の基本計画をまず記入

2
どんな順番で？
いつのタイミングに？

実行日時は具体的なステップを
①から番号をつけて下に記載

3
ここは途中
経過を記載
する

内だけで共有するなど会社の文化に合わせた共有方法を決めて「見える化」します。

まず基本の「決断した内容の詳細」である「何を」を、決めます。前ページの表を例にすると、「スタッフYさんの……」「アルバイトBさんの……」「倉庫の……」が基本計画です。

そこに「管理者（誰と誰が）」、「期日（いつまで）、目的（または目標）」を入力します。

そしてその下の①〜③が、「いつの時間に、どんな順番で進めていくのか（実行日時）？」です。①〜③の目的の欄は、最初は空白、実行できていけば、その状況を記入します。

◉――進捗状況の記録が会社の財産になる！

この「見える化」には、もうひとつのメリットがあります。

それは**実行が終わって結果が出て「目的」の欄に結果を明記していけば、その年の「組織のチャレンジ記録」にもなる**――ということです。リーダーが途中で変わった、前の年の活動内容を知りたい……など、いつの時期にどんなチャレンジをしたのか記載があれば今後の参考にもなります。

メンバーが仮に同じでも、人の記憶はあやふやなものです。しかし、このようにして「見

える化」しておけば、
「何を実行したのか？」
「あれってどんな結果だったか覚えている？」
という曖昧なやりとりがなくなります。**ミーティングを通じて得られた、組織としての活動状況や結果が「財産」に変わる**のです。

●進捗状況を自動的にチェックできる！

このフォームの活用メリットには、「進捗状況も確認できる」ということも含まれます。決めたことを「見える化」できたら、このフォームを大いに活用して「進捗状況」もお互い把握できるようにしましょう。

実行の進捗状況を定期的に更新・共有しておけば、リーダーの「あれってどうなっている？」といった確認のストレスや「報告がない」という不満も解消されます。

そのためには、このフォームに「誰が？」「どのタイミングで更新するのか？」を必ず決めておきましょう。

私のお勧めルール――。

「管理者が」「毎週日曜日までに更新する」更新した部分は赤字で入力する

こうしておけばリーダーは毎週月曜日の朝に見れば更新されており、赤字を見れば「どこが動いたのか？」がひと目でわかります。そこまで更新頻度を求めない場合は、

月に2回（例えば15日・末日）は更新する

これでもいいでしょう。

主に更新する箇所としては「期日」と「目的」欄です。

例えば【期日】の箇所は、計画通り進んでいれば修正せず、遅れていれば「期日の修正」、終了していれば「完了」と記載します。

また【目的】の箇所は、進めている状況であれば「目的＋今の状況」、終了しているのであれば「目的＋結果」を記載します。

179ページの表を例に説明してみましょう。

「スタッフYさんの成約率アップ」について――、

「基本計画」の「目的（目標）」欄には、

「目標6月5日から成約率目標50％」が最初に記載されます。そしてひと通りの計画が実施され、成果が見えたときには、

「目標：6月5日からの成約率50％→実績○％」

と記載します。もし①〜③の実行計画が途中のときは、

「5月18日17時〜完了」、あるいは「5月25日17時〜完了」。さらに「5月31日16時実施待ち」と記載するのです。

こんな感じでフォーマットを随時アップデートしていきましょう。

こうした定期的な更新を習慣化すれば、「進捗状況を共有する」ことにつながります。また、管理者が「実行するのをつい忘れてずっと放置していた」ということもなくなります。

3 軌道修正ミーティングの、基本的な進め方とは？

では、軌道修正ミーティングの進め方を紹介します。

◉──まず、「個人ベース」の修正をする

最初は「個人ベースの軌道修正」の確認です。

最新のフォーマットを見ながら、各管理者が簡単に説明・提案します。

記載内容を全部読むのではなく、動きのあったことや止まっていることを説明します。

「実行が終わったものはどれか？　また成果はどうだったのか？」

「どの計画が止まっているのか？　今後はどう修正するのか？」

そして、ここでのポイントもミーティングの基本は同じです。実行できていない管理者たちがいても、

「なぜ実行していないんだ?」

「どっちの責任なんだ?」

といった個人への責任追及はしない。また「何が原因なんだ?」といった原因も深くは追及しない。できない理由はいくらでもあるからです。

ミーティングの進め方の基本は、「未来視点」です。「軌道修正」の場合も同じです。

とくに大切なのは、実行できていなかったり、遅れている状況があったときです。そういう場合は、それに対して、「今後どう進めていくのか?」という期日や実行計画の軌道修正を補足して報告してもらいます。

◉――次に「組織ベース」の軌道修正を行なう

「個人の軌道修正提案」を聞いた上で、「組織ベースの軌道修正」を最終判断していきます。

単に各管理者の報告・修正を聞いて解散するだけなら、わざわざ集まる必要はありません。

軌道修正ミーティングで集まる目的は、**各管理者(個人)に振り分けて実行した結果を踏まえ、さらに実行力を高めるために組織としてどんなサポートや決断が必要か――を判断していくためです。**

4 遅れたり止まっている計画に、どう対応するか？

すべてが順調に実行されていればいいですが、なかなかそんなふうにはいきません。

とくに「遅れている」「ほとんど着手できていない」ことに対して、組織としてどう軌道修正をかけていくのか——これは、多くのリーダー、管理者が迷う点です。

4つの選択肢に分けて説明していきます。

◉——① 期日を修正して、実行する

管理者2人をそのままに単純に期日を修正して（遅らせて）、引き続き管理者たちに任せながら進めていく選択です。

ここでのポイントは、「遅れたことをあまり責めないこと」。**責めると、次回以降の期日設定は怒られないように「長めの設定」にする可能性があります。**そうなると「3日以内の法則」（165ページ）が崩れてしまうこともあります。

チャレンジを奨励する組織にしたいなら、最初のほうは期日遅れを責めないことです。

◉──②リーダーがサポートし、実行日時を確保する

①と同じく、管理者はそのままに期日を修正して進めていくのですが、①と違う点があります。それは、**「今止まっているプランを確認して、組織（リーダー）としての優先順位を上げて100%実行できるようにサポートする」**ことです。

組織（リーダー）としての判断・サポートの例としては、

「2時間カフェに行くことを許可して、その作業を集中して終わらせる」

「分析作業を優先して行なうために、他店のCさんにヘルプで来てもらい、店番お願いの指示をする」

「ルーティンワークの○○の仕事を今月は本人から外し、止まっているこの作業を最優先事項にする」

……などがあるでしょう。

もともと管理者も、できるだけルーティンワークに悪い影響が生じない範囲で実行計画を立てています。しかし、それでもできない場合もあります。そうなると管理者レベルでの個

別の判断や実行には限界があるのです。

今後の成果を分ける「本当に重要な計画」は、このように組織全体の判断として優先順位を入れ替えてもかまいません。臨機応変にいきましょう。リーダーが実行サポートすることで個人での限界を突破し、組織での協働で前に進めていくのです。

③管理者を入れ替える

これも選択肢のひとつです。

「他の業務で手一杯」「本人の特性と合っていない」……など、選任したものの、様々な理由で止まっている場合もあります。**まず、管理者2名のうち1人を入れ替えます。**2名とも入れ替える選択もありますが、これまでの流れなどを引き継ぎする必要が出てくる場合は、1名だけのほうがいいかもしれません。

一般的に、「優秀なスタッフに管理が集中してしまう」傾向があります。

管理者選定にあたっては、ある程度の適性・日常業務の内容を考慮して、管理が偏らないように分担して選んでいくことが理想です。実際、そのほうが任された本人もやる気が出るはずです。それでも誰かに集中してしまいそうな場合は、どうするか……？

ここでも「選択と集中」の考えが大事になります。

いかに優秀なスタッフでも限界はあります。「優秀なスタッフにどのプランを管理してもらうのが、組織としてベストか」を考えてください。

同じ計画、同じメンバーでもリーダーの管理者の配役によって結果は変わります。ここがリーダーの判断能力を鍛える場でもあり、面白い部分でもあります。

悩んだ場合はメンバーと意見交換しながら、決めていくのも一案です。

◉——④計画を変更する

「実際進めてみたけど思ったほどの効果はないかも」

「やってはみたものの意外に難易度が高く、時間も必要」

「当初の予定よりコストがかかる……」

アイデアの提案時や計画時には気づかなかったことに、実行してみて気づくことは多くあります。そんなときは「いったんやめる」、または「代わりに別の計画を実行する」のです。

これはリーダーとしての大切な選択です。

「大変だけど重要だと確信しているから、最後まで実行する」でもかまいません。

「思ったほどのスピード感や効果が見込めないから止める」という選択もあります。


業務過多にならないように、判断していきます。

こうしてひと通りの計画の軌道修正を繰り返すことで、

「優先順位のズレ」

「やりっ放しの尻切れとんぼ」

「忙しいことを言い訳に実行せず、形骸化」


など、ミーティング結果を実行する場合の、組織の課題を成長に変えます。

アプローチを変えながら「実行・継続して成果の出せる組織」に進化していくための仕組みが、この軌道修正ミーティングです。

いかがでしたか？　ＳＴＥＰ１から４まで説明してきたことをまとめます。

①現状の課題を認識してアイデア・提案・可能性を広げる（未来創造ミーティング）
②効果的な提案を厳選して、決断する（決定ミーティング）
③実行計画を立て、実行する（実行ミーティング）
④進捗を確認しながら計画修正を１、２か月繰り返す（軌道修正ミーティング）

この基本のサイクルを回していくのです。

これが、ミーティングの基本です。

最後の軌道修正ミーティングは一定期間（１、２か月）、月に２回〜４回開催して、軌道修正（変更・修正）を繰り返します。こうすることで、１００％成果は出ます。

次のステップでは、実際に成果を出しているクライアント企業の事例を紹介しながら、様々なミーティングの方法やポイントを解説していきます。

「軌道修正ミーティング」のポイントまとめ

成果を出すために大切なのは「軌道修正能力」

決まったこと、その後の進捗は必ずチェックして共有

「軌道修正ミーティング」を定期開催して
組織として実行力をサポートする

計画が進まないときの4つの判断

① 期日を修正して、実行する
② 実行日時の確保を優先する
③ 管理者を入れ替える
④ 計画を変更する

一定期間（1、2か月）、月に2回〜4回開催し、
軌道修正（変更・修正）を繰り返す

⇩

これで100%成果が出る！

STEP 5

いくつかの事例で
ミーティングの効果を見てみよう

●事例編 組織のタイプ別ミーティング事例

組織の“課題”によって
ミーティングのやり方も変わる。
参考にしてみよう。

1

震災を乗り越え、毎年業績を伸ばし続けるビジネスホテル

■課題はチャンスだ。視点を変えるだけで売上も変わる！

◉「15分」にこだわらなくてもかまわない！

この章では、クライアント先での実際のミーティングの成功ポイントを解説・紹介します。

ただし、紹介する事例では15分ミーティングにこだわっていません。

単なるミーティング進行だけではなく、私からの問題解決の具体的・実践的なアドバイス、後は自社内で上手にミーティングができるようにと、司会進行のポイント解説などを丁寧に行なっているからです。

「なーんだ、じゃあ参考にならないね」と思わないでください。

何度も繰り返すように**15分ミーティングの基本やここで紹介する応用編が理解できれば、時間を延ばしてミーティングや会議をしても**　有意義な話し合いができるのです。ですから、

ここでは、ミーティングのポイントについて紹介していきたいと思います。

まず福島県でビジネスホテルを運営されている、「ホテルミドリ」さんの事例です。割烹からスタートして、今はビジネスホテルを併設しています。

7年以上お伺いしていますが、東日本大震災の年以外は厳しい環境にもかかわらず、ずっと右肩上がりで業績を伸ばしています。

●――ミーティングは視点を変える場である

ミーティングのメリットは「コミュニケーションの視点を変える場」「瞬間的に多くの情報を集める場」でもあることです。

普段は忙しくて、目の前の与えられた仕事をこなすので必死。

「頭を柔らかくして、違う視点で考えないとダメだよ」

理屈ではわかっていても、日々の職場ではとてもそんな余裕もない。多くの人がそうですよね。ホテルミドリさんも同じで、林社長は変えたいと考えていました。

その象徴的なミーティング（宿泊部門）の事例をご紹介します。

テーマは「売れない（稼働率の悪い）和室をどう販売していくか？」です。

その和室は畳に布団を敷くスタイルで、最大収容人数４名の部屋。

どれくらい売れないかというと、この部屋の稼働率は25％以下。でも不思議ではない。

というのも、このホテルでは９割近くがビジネス利用。当然、シングル（１人部屋）をメインに宿泊します。和室で布団を並べて敷いて寝るという需要は基本的にありません。

私「現状ではほとんどの方は利用されてはいないですよね。**でも、25％は利用されている。どんな方がどんなふうに利用されていますか？**」
スタッフ「うーん、時期にもよりますが、ハワイアンズ（近くの商業施設）に来る家族連れが多いんじゃないでしょうか」
私「じゃあ、ハワイアンズに来る家族連れに、もっと泊まってもらえるように考えてみることは？」
スタッフ「でも……ハワイアンズの近隣には旅館が25以上あって、ほとんどの家族がそういう旅館で泊まります。ここからハワイアンズまで20分以上かかる。温泉もない、食事もない、このビジネスホテルには来ませんよ」
私「じゃあ、そこのところをもう一度考えてみましょう。その人たちがなぜわざわざ遠くのここに泊まりに来たのか？　**仮に理由があるとしたら？」**

スタッフ「理由があるとしたら？　ですか」

現場のスタッフには思い込みがあります。いや、現場のスタッフに限らず経営メンバーにも思い込みは必ず存在します。

難易度が高い課題に見えるものは、できていないネガティブな部分に無理やりフォーカスしては解決しません。いきなり「できるようになるためには？」と無理に考えるのではなく、できている部分（数は少なくても利用してくれている人がいる！）にまず焦点を当てて可能性を見つけていくというアプローチも効果的です。

数分後……、

スタッフA「価格だと思います。旅館は必ず夕食がつく。でも、ここは素泊りができるので安く抑えられる」

スタッフB「特徴があるとすれば、遅いチェックインの人たちが多い。とくに若いカップルですね。きっとギリギリまでハワイアンズで遊んでいるのだと思います」

他にもいろいろありましたが、こういう意見が重複していたように思います。現場のお客様の行動がヒントになるのです。

◉——出たアイデアから独自の価値を見つけるには？

単なる「和室プラン」という普通のプラン名から、

「時間を気にせずハワイアンズで遊べる家族連れ専用ルーム」

という独自のプラン名に。そしてキャッチコピーの文章には、

「旅館でゆっくりくつろぎたいけど、1泊2食付きだと予算が高くて……というお客様の声を聞いて、存分にハワイアンズを楽しんでもらいたい！　と考えたプランです」

「和室なので、旅館感覚でゆっくり宿泊できます。畳の上では、お子様が走り回っても大丈夫♪　お子様からご年配の方も大変喜ばれています」

「素泊まりもできるので、時間を気にせず1日中ハワイアンズを楽しんでいただけます」

このネーミングと文章でHPをはじめ、各ネット媒体へ打ち出していきました。

結果はどうなったか？

何と、客室稼働率　25%→89%！

「商品」を変えたわけでもなく、「特別な価格」にしたわけでもなく、ましてや「部屋を改装」したわけでもありません。

ミーティングで現場でのヒントから視点を変えて、伝え方を変えただけです。

前職の経験から、私は毎日お客様と接している現場に売上につながるヒントが必ずあると思っています。すごい提案が出なくてもいいんです。リーダーはそのヒントを持っている現場のスタッフから様々な情報を集め、視点を変えてピンチをチャンスに変える。

そしてこのホテルのスタッフも気づきました。

「売れない」と思っていたのは自分たちの思い込みで、「売れる方法」はあるのだと。

それ以来、**売れない「言い訳」ではなく、「売れる方法を」と会話のパターンを変え、知恵を出し合っています。**

2

スタッフ平均年齢58歳の旅館が、国内外のお客様で満室に！

■ミーティングで「人と人の距離」を縮める

◉――経営者とスタッフの間の距離はないか!?

次は九州の熊本県の有名な温泉地、黒川温泉の旅館「わかば」さんの事例を紹介します。その旅館の志賀社長から「過去やったことはないけど、集客などをみんなで考えるミーティングがしたい」とご相談いただいたのですが、他にも社長の不安がありました。

それは当時、社長と若女将（奥さん）以外は全員50歳以上のスタッフ（平均年齢58歳）だということ。

一方、スタッフに社長の印象を質問すると、「（温泉組合の活動などで）あまり旅館にいないので、よくわかりません」という感じで、経営側とスタッフ側で距離を感じました。

◉──自分の仕事の捉え方を変えれば、仕事も楽しくなる

商品・サービスが売れない理由として価値が伝わっていないことが多くあります。つまり、お客様はその商品・サービスを購入したら、その後どんないいことがあるのか？が伝わっていないから売れないのです。

そのためにはスタッフの自分の仕事の捉え方改革も大事です。旅館なら「宿泊業」ではなく「滞在期間も含めた旅行の思い出づくりのアドバイザー」という視点が必要です。美容室なら「髪を切る仕事」ではなく「髪も含めお客様の魅力を引き出すアドバイザー」、法人営業なら「商品を売る」ではなく「企業の業績向上に貢献するサポーター」。

どんな仕事も「作業」になってはいけません。「仕事を受け取った人が幸せになる」ということが大事です。自分は誰のどんな幸せに貢献している仕事なのか？　という視点が大切だと思っています。

◉──〝未来視点〟で、お客様にメリットを提供できれば売れる！

話を旅館に戻します。旅館業は「お客様の思い出づくりのアドバイザー」とするなら、ミーティングではコストパフォーマンスがよく、難易度の低い集客方法、リピーターの方へ

定期的に「手づくり情報誌」を作成するためのプランニングからスタートしました。
仲居さん、フロント、料理長みんなにミーティングをお願いしました。

「閑散期（6月）の集客に向けてミーティングします。この時期に黒川温泉に来たらこんな体験や素敵な景色があるよ、と親戚や友人に教えてあげるとしたらどう勧めますか？　自分の書けることでいいので、お勧めポイントを書いてください」

6月に来たことのないお客様は「6月の黒川温泉に行くメリット」がわからないのです。

その良さ（メリット）をお伝えしようと。スタッフが書いてくれた内容は、
「この時期は鮎が美味しいよ」
「ホタルが見られる場所があるんだよね～」
「よくお客様は花公園への道を尋ねられますから、そこに行っていると思う」

自分の視点ですから、家族でよく出かける人は家族で行ける場所。接客する人は過去のお客様の行動から人気のスポットを思い出す。料理に関わる人は料理の視点から季節限定オススメ料理を考えて発表してもらえればいいのです。意外と知らないことも出てきます。

それがスタッフの個性を活かしたミーティングでもあるのです。

そしてみんなで考えると、5分でいろんな視点（情報）が集まります。

でも販促担当者一人で同じ内容を考えようとしたら、膨大な時間がかかります。

◉完成度よりスピード優先

STEP3でも紹介したように、実行力高く進めていくためにここで気をつけたことは**「今すぐ、できるだけつくってしまうこと」**です。

みんなの案をまとめ、仕上げは手書きの達筆な仲居さんに、解散後に少しの時間残ってもらい、つくってもらいました。社長のいるその場でデザイン内容を確認します。

「写真はどのへん？」

「だったら文章のスペースはココでOK？」

後回しにせず、イメージを共有しながら、彼女の最も得意な手書きで、その場で仕上げていったのです。

もし、私が「今の時代はパソコンだから！」と言ったら？　きっと進みませんよね。

まずは得意なことを活かす！　このことでスピードに大きな差が生まれます。

◉――現場の社員が創り出す小さな奇跡

実際、販促物をお客様に送ると変化が起きました。

「読物ありがとう～。今回行けないけど次回は必ず」……とわざわざ電話をくれるお客様。来館時に、その情報誌を持ってきてくれるお客様。

当然、接客も変わりました。情報誌ネタでお客様との会話が弾みます。

「これ、みんなで考えてつくったんですよ」――と。

すると、お客様の声も変わってきます。

チェックアウトの際にいただく感謝の声が増え、客室に入れているアンケートの感謝の枚数が増えました（前年半年で２１９枚が翌年同期間４０４枚）。

結果、「ロコミランキング料理部門エリア1位」「リピート率2%→19%」。

料理メニューなどを大きく変えてないのに、料理への評価が高くなった。おそらく、料理提供を含めた接客に対して、高い評価をもらえるようになったのでしょう。

その後も、「お土産コーナーのＰＯＰ」をつくったり、「地域限定の飲み物紹介」のチラシを作成してお客様に紹介したり……と、様々な提案をして成果を出しています。

動き始めたことで何かが変わってきて、次に動いたのは「外国人のお客様対応」。韓流ドラマ好きで片言の韓国語は話せても、英語が話せないスタッフが多い。そこで社長は旅館に地元の外国人講師を呼んでみんなで「英会話教室」を始めました。**今までなら続きそうになかったこの取り組みは、雰囲気が変わってきたことで続いていきました。**

◉——良いミーティングは、人と人の心の距離を縮める

その後、新卒の社員も少しずつ入り、若手はSNS発信での集客を担当。

実際、訪日外国人はSNSを活用しています。スタッフと一緒に写真を撮ってその後の交流もはかることでそのお客様が周りへ紹介、来館という新しい流れができます。

従来の「紙の販促物（情報誌）」とSNSを融合。若手とベテランの融合です。

その結果、**「繁忙期も閑散期も関係なく、特別な改装や増築なしで売上は140%」**。

現在も熊本の震災を乗り越え、成長し続けています。

「お客様の未来に貢献するという視点」「すぐ実行」の事例でした。ミーティングにはお客様・経営者・スタッフの、人と人の距離を縮める効果があるのです。

3

急成長を続ける北海道住宅企業の新たなチャレンジ

■「全社視点」で「脱・セクショナリズム」ミーティング

◉―全社ミーティングでさらなる上昇を！

釧路・帯広から始まり北海道全域にエリアを拡大していった、住宅メーカー「ロゴスホーム」さんの事例です。

池田社長からいただいた相談は「各部門や各支店同士がお客様視点を大事にもっと協力すれば、より良い会社になれるはず。そんなきっかけがほしい」でした。

この会社は設計士でもある池田社長ご自身で創業した会社で、もともと徹底したお客様目線での接客と商品開発が喜ばれ、11年で当時売上33億の企業でした。

しかし、急速に販売エリアを拡大していくなかで「新卒入社組」と「スキルのある中途採用組」で会社の組織文化への考えがまとまっていない。「営業・販促・設計・工事・管理」各部門同士のコミュニケーションが充分ではない。

池田社長はそう考えていました。

そこで私が提案したのは、

「社長と各部門（営業・販促・設計・工事・管理）の選抜トップを集めての、全社ミーティング」

でした。

●自部門の目標達成と全社目標達成、どっちが優先？

本来、「全社目標」があり、その達成のために「各部門の目標」があるはずです。

しかしよくあるケースは、各部門のリーダーは自部門の目標達成・自分への評価・部下を守ること……など内側に意識が向いて、この大切な大前提を忘れ優先順位が自部門優先になってしまうのです。

これがセクショナリズムを生む、ひとつの原因です。

「自分の部門達成よりも全社目標を達成することが最優先事項である」

各部門が集まってミーティングするときは、これを共通認識とします。

◉――主体性・覚悟を引き出す質問とは？

そうして、次のような質問をしました。

「○○の課題を解決するために会社として今後、取り組んだらよいと思うことは？」

「あなた自身（または自部門として）、今後、他に取り組めることは何？」

「それぞれの質問に対して3つ以上、提案（付箋1枚に1提案）を書いて」

STEP1の68ページで紹介したように、課題は事前に分析して決めておきます。その上で未来視点の質問を2つ投げかけます。**最初の質問は全社視点で解決の可能性を引き出し、2つ目の質問は個々の主体性を引き出す質問**です。

合わせて複数提案してもらうことで、全社的な解決提案とリーダーの、「解決するための、自分自身（自分の部門）の主体性・覚悟」両方を提案してもらうわけです。

私は、**会社の将来を担うリーダーとは、「これは自部門には不利益になるかもしれないけど、全社的に見ればメリットがあるから提案する・決断する」——この視点と覚悟を持っている人**だと思っています。

実際にこの会社でも様々な提案が出てきて、

「販促部の責任者が重要な営業所に異動して集中して販促することの提案」に対し社長と本人了承。

「営業の得意な支店長が他の支店に日にちを決めて教育サポートをする提案」に対し社長と本人の了承……などなど。

本来何日もかかって根回しして合意が必要な決定事項が、限られたミーティングの時間でどんどん決まっていきました。

◉——縦割り組織では限界だらけ！

もうひとつのポイントとしては、管理者2名体制を「今の部門」を無視した体制にしたことです。

例えば「集客」を管理する2人は、従来やっている販促部と、今回は営業部を組み合わせる。「営業力アップ」のプランでは、営業部と設計部の組み合わせ——といった感じです。

これを「集客に関する提案だから管理は販促部ね」「営業力アップだから営業部で」と管理割りしたら、今までの縦割り分業と何も変わりませんよね。

営業部のメンバーが「集客を管理する」場合、チラシをつくるような販促活動をするわけではありません。代わりに、「前回の広告の反応を営業部に確認する」ということをサポートする。こうすれば、組織としての実行スピードも上がります。


各部署内でのコミュニケーションも変化が見えてきました。

例えば管理部門から全社への書類的な要望も、「いいんだよ、現場は忙しいんだから。後回しで」と部下に言っていた営業リーダーは、「それはそれで必要だから、お互い協力しよう」と少しずつ変わっていったのです。

そして決まったことは、軌道修正ミーティングを繰り返しながら実行していきました。


結果どうなったか？

3年後の今では、売上70億を超え、100億企業に向かっています。

わかりやすく売上で表現していますが、「住宅を通してお客様の豊かな生活をサポートする」というお客様目線を、全社視点で判断・実行してお客様に喜ばれた結果です。

まず「幹部クラスが全社視点で判断できる視点」を持ったことで、各現場での部下への伝え方も変わってきます。従来通りの縦割組織（自分の部門優先）だけではなく、横断する組織編成（支店同士・部門同士の協力体制）ができるようになったことが飛躍の一助になったのだ、ということですね。

そして、この全社視点を持ったリーダーが今後もっと増えていったら、会社がどこまで成長するのか、今後も楽しみです。

＊

実際に行なっている応用を含めたミーティングのポイントを紹介しました。

会社でのミーティングを車に例えるなら「エンジン」です。エンジンが動くことで車の各部門は動いていきます。

そして、**今回紹介したどの会社も、ミーティングというエンジンから生まれたアイデア・**

提案を実行した結果、大きな成果をあげています。

つまり「何をしたのか?」という一時的な対策や考えが重要なのではなく、その元となる「解決策が出てくる場をいつでもつくれるのか?」のほうが重要です。

お客様に対し、または社内のオペレーションに対し、「サッと集まり、アイデア・提案を交換して自分たちの考動で目の前の課題を突破できる仕組みを持つ」会社のみ、どんな時代にも生き残っていけるのではないでしょうか。

エピローグ

人材育成を兼ねるミーティング

●●●●●●●●●●ミーティングには人材を育てる効果がある。

■人材育成に関する8つのポイント

ミーティングには、個人の人材育成や強い組織文化を醸成するポイントが詰まっています。最後にその部分をおさらいしておきます。

① 課題を未来視点の質問に変換して他責にしない思考パターンを持つ

過去ではなく未来視点「今後どうする？」と「自分のできることは？」で主体的な視点。

②短い時間で常に複数の解決策を考える習慣を持つ

③「例えば」や「数字」を使い、具体的で判断や行動しやすい提案力を身につける

④「否定しない」「最後まで聞く」「自分と違う＝個性」で聴く力を養う

⑤コスト・労力・時間を意識した選択と集中で「決断（判断）力」を磨く

⑥短い時間で実行力の高い計画を立てる能力を養う

⑦「すぐやる」「後で…をなくす」でスピーディーな実行力を高める

⑧「車のナビ」のように修正しながら継続して実行していく「軌道修正力」を持つ

■「強い組織文化づくり」の5つのポイント

①一度決定したらまずやってみる。そしてこれが成功するようにサポートする

②誰かのせいで失敗してもその人を責めない。自分にも責任があると考える

③「自分だけ例外」という無意識の矛盾に気づき、裏表のない組織文化を育成する

④否定と改善案はセットで提案力アップ！　提案なき否定は不要！

⑤提案却下は提案側のプレゼン不足

提案却下は「上司が悪い」ではなく、「自分の提案不足。何が足りないか？」を考える。

このようにポイントを押さえてミーティングすれば、必ず人材育成につながります。

断言できます。このミーティングがきちんとできれば必ず良くなります！

でも、慣れないうちは、この本で紹介したミーティングも、車の運転と同様、初めのうちはポイントを意識しないとスムーズにいきません。それでも、何度も繰り返しているうちに、必ず自然にできるようになります。

ミーティングで自然にできるようになれば、日常の職場でも自然にできるようになり、組織文化（会話パターン）として定着するのです。

それが月に1回だと、定着まで長い期間が必要になります。

だから短い時間で、回数多く繰り返すことで定着を狙うのが矢本流です。

若い社員が会社を辞めていく本当の理由

人材育成の話を「育成してもどうせ辞めていくから……」というリーダーもいます。

退職理由はそれぞれ、もっともらしい理由を言うでしょう。

「両親の面倒を……」「やりたいことが……」「（自分の）体調が……」「結婚が……」

もちろんそれも理由のひとつです。

でも、最終的な本当の理由はみんな同じだと思う。

この会社に希望を持てないから辞めるのです。希望があり、ヤル気も高まり、好きな会社であれば辞めるはずがありません。

どうしても働きたい会社なら、どんな環境でも働こうとするはずです。まず、ここをしっかり自覚する必要があると思います。

「どうせ言っても無理→希望が持てない→疲弊する→退職する」……にしないこと。

だからこそ、日々のミーティングで「話し合う→成長を感じ、良くなっていく実感が日々起きる→主体的に働く」こういう循環をつくるのです。

受け身ではなく、自分たちの考動によって会社の未来に希望を持ってもらうわけです。

そして、もっと言えば、あなた自身が「希望」になるのです。部下から「あなたと働きたい！」と思ってもらう。そうなれば、会社だってあなたをもっと評価するだろうし、大切にします。

そう思いませんか？

「え、そうしたいのは山々だけど？」

そう……なかなか思い通りにはいかないですよね。

「周りのせいでうまくいかない」錯覚から抜け出そう！

今でも世の中は、多くの他責の意識に溢れています。

「もっと会社が……」「上司のせいで……」「最近の若いやつらは……」「お客様がもっとこうしてくれたら……」「もっと業界が、行政が……」

周りに原因を見つけて〝他責〟にすることで、努力していない自分が正当化されるし、成果が出ていないことでも認められる気になる。

そこで考えが止まるのです。楽にはなるでしょう。しかし進歩はありません。

このパターンは、錯覚のようなもの。一種の麻薬みたいなものです。

でも事実は「周りの環境が問題ではない」のです。

定時18時なのに残業して20時に帰る会社。いい会社かどうかは誰が決めますか？

例えば、前職で18時に帰宅していたAさんは「ひどい会社だ」と言い、前職に21時にしか帰宅できなかったBさんは「いい会社」だと言うかもしれない。

周りの環境の問題ではなく、個々の今までの経験や常識で幸せ度が決まるわけです。


さらに、この残業を「会社が悪い」と不満を言うだけの人と、「早く帰るために今後どう改善する？」と考え実行したり、提案する人。

同じ会社にいても、この両者の未来はいずれ違ってくると感じませんか？


周りの環境が変わることを期待して自分が変わらないのではなく、自分の考動を変えれば、あなたの世界は大きく変わります。

矢本流ミーティングを通じて得ていただきたいのは、**「過去にとらわれず、周りのせい（他責）にせず、自分たちの力でより良い未来を創造する考動する力」**これだけです。

ミーティングはその錯覚、つまり〝他責のパターン〟から脱却するための「ツール」です。

このツールを活用して、会話のパターンを変えて、未来を変えて、その職場や自分の人生を楽しんでください。

大丈夫、あなたの未来は必ず、あなたが創っていけますから。

＊

「今の社員は変えたほうがいいと思いますよ」

これは、前職に営業部長として転職した当時にパートナー企業のある責任者から言われた言葉です。そこまで言われることってないですよね。

相当ひどかったのかもしれません。


「いったいどんな社員教育をしているのですか？　同じ社員とは思えない！」

3年後、業界が不景気な時代に、同じメンバー、同じ施設で売上が3倍になった頃、同じ責任者が質問してきた言葉です。

他にもたくさんのパートナー企業の方から、同じような質問をされました。

でも、私から見ると大きく変わっていません。好きな食べ物も、趣味も、おそらく好きなタレントも。唯一変わったとしたら会話のパターンです。

もちろん「できない理由」や「言い訳」から「今後どうする?」という未来視点になりました。そういう会社で私は、「小さな奇跡」をたくさん体験しました。

そして**今ではミーティングを終えたとき、最初は暗かったクライアント先のメンバーの顔が希望に輝いている瞬間が大好きです**。

自分の価値や会社の価値、仲間の価値に気づき、活気のある職場風景。そういう変化を見て喜ぶ経営者の方やリーダーの方々……。

私はそんな空間を共有させてもらえるこの仕事が、大好きです。

ミーティングを通じて、そんな未来は創っていけること。

1人ではできないことも協働すれば、必ず道は開けること。

現場のスタッフが創り出す、そんな「小さな奇跡」を一人でも多くのリーダーに体験してもらいたくて、この本を書きました。

こうして原稿を書いていく時間のなかで、今までの職場をはじめ、今まで関わってくれた皆様、現在クライアントの皆様、家族、友人、本当にいろいろな方の力のおかげで今の僕があると改めて実感し、感謝の気持ちでいっぱいです。

どんな景気にも左右されない、人の可能性を引き出し、『自分たちで未来を創る力』を手に入れ、あなたの職場・あなたの人生が最高の輝きを放つこと——。

それを心より祈っています。

著者

チームサポートプロ　がやっていること

活動の柱のひとつはコンサルティング（または研修）業務。顧問企業で実際のミーティング・会議の司会進行役を請け負う。成長への的確な課題を見つけ、参加者から未来視点アイデア・提案の引き出し、計画・修正・結果までをサポート。自ら解決策の提案も積極的に行なう。

クライアント先は飲食、製菓、ホテル、旅館、ブライダル、写真館、アパレル、エステ、美容室、人材派遣、金物、建設、住宅、印刷、医療、介護など全国多種多様な職種に及び、93%以上のクライアント先は毎年業績が向上している。最近では「町おこし」や「地域活性化」の依頼も急増中。

「経営者」「スタッフ」「お客様」の三方の距離を縮める未来創造型ミーティング（コミュニケーション）術は確実な結果と育成につながるため、圧倒的なリピート率と顧問企業からの新規企業の紹介率を誇っている。

もうひとつの柱は私塾の開催や講演・セミナー活動。「1社に1人ミーティング・会議の司会進行の上手なスタッフがいれば会社は変わる！」を具現化するために、経営者・幹部を対象とし1年半で100名以上の塾生を輩出。自社に持ち帰って活用するリーダー・プログラムを提供することで、より多くのリーダー・企業の業績向上に貢献している。

矢本　治（やもと　おさむ）

1971年広島県出身。ミーティングコンサルタント。㈱チームサポートプロ代表。

愛媛県でホテルマンとして10年勤務後、2004年当時低迷していたブライダル運営会社に営業責任者として転職（退職時には最年少取締役営業本部長）。

衰退産業とも言われるブライダル業界において設備投資、人員の入れ替え、安売りにも頼らず、会議・ミーティングを工夫して売上を３年間で３倍（９億円）にする。

ミーティングのやり方次第で社員のやる気と実行力が向上すれば売上も上がり、人材育成にも役立つことを経験。グループ内でミーティング術をブラッシュアップしていきながら社内に浸透させて売上増に貢献し、７年で７倍に！

より多くの会社をサポートしていきたいと2010年に起業。日本初の「ミーティングコンサルタント」として講演・コンサルティング・企業内研修など幅広く活動中。

みんなが自分《じぶん》で考《かんが》えはじめる
「15分《ふん》ミーティング」のすごい効果《こうか》

2018年３月１日　初版発行
2021年６月10日　第５刷発行

著　者　矢本　治
発行者　杉本淳一
発行所　株式会社日本実業出版社　東京都新宿区市谷本村町３－29 〒162-0845
大阪市北区西天満６－８－１ 〒530-0047
編集部　☎03-3268-5651
営業部　☎03-3268-5161　振替　00170-1-25349
https://www.njg.co.jp/
印刷／壮光舎　製本／共栄社

ISBN 978-4-534-05567-5　Printed in JAPAN